Sines Alge

Leitfaden für den ersten Unterricht im Deutschen

Sines Alge

Leitfaden für den ersten Unterricht im Deutschen

ISBN/EAN: 9783743402201

Hergestellt in Europa, USA, Kanada, Australien, Japan

Cover: Foto ©Andreas Hilbeck / pixelio.de

Manufactured and distributed by brebook publishing software (www.brebook.com)

Sines Alge

Leitfaden für den ersten Unterricht im Deutschen

Leitfaden

für den

ersten Unterricht im Deutschen.

Unter Benützung von
„Hölzel's Wandbildern für den Anschauungs- und Sprachunterricht".

Zum Gebrauche für Schüler aller Nationalitäten.

Von

S. Alge,

Vorsteher der städtischen Mädchenrealschule in St. Gallen,

S. Hamburger und W. Rippmann M. A.

in St. Gallen.   Queen's College, London.

Erster Teil.

— ⟶ Mit 4 Bildern. ⟵ —

Zweite, neubearbeitete Auflage.

St. Gallen.
Fehr'sche Buchhandlung
(vormals Huber & Co.)

London W. C.   **Neuchâtel.**
J. M. Dent & Co.   Delachaux & Niestlé
29 Bedford Street.   Buchhandlung.

1899.

Vorwort.

—

Unser „*Leitfaden für den ersten Unterricht im Deutschen*" hat eine über alles Erwarten freundliche Aufnahme gefunden, namentlich in den romanischen Kantonen der Schweiz, vorab in Neuenburg, sodann aber auch in einzelnen Schulen in England und Italien. Er erscheint hiemit in zweiter Auflage und zwar vorläufig der erste Teil, nach den Erfahrungen verbessert, welche unser neue Mitarbeiter bei der Benützung der ersten Auflage in verschiedenen Schulklassen gewonnen hat.

Der zweite Teil wird auf Frühjahr 1899 erscheinen. Alle Wünsche und Vorschläge, Verbesserungen anzubringen, werden wir mit aufrichtiger Dankbarkeit entgegennehmen.

Ein kleiner Kommentar wird selbständig längstens im Frühjahr 1899 der Öffentlichkeit übergeben werden.

November 1898.   Die Verfasser.

1. Nummer eins; *eine* Nummer.

Das ist Karl. Marie. Luise. Julie. Anna. Heinrich. Paul. Das ist **der Vater. Die Mutter.** Der Vater ist *ein* **Mann.** Der Mann. Die Mutter ist eine **Frau.** Die Frau. Karl ist ein **Knabe.** Der Knabe. Julie ist ein **Mädchen. Das** Mädchen. **Was** ist der Vater? Der Vater ist ein Mann. **Wer** ist ein Knabe? Heinrich ist ein Knabe. Wer ist das? Das ist Paul.

Fragen. Was ist Paul? Anna? der Vater? die Mutter? Heinrich? Luise? Karl? Marie? Wer ist ein Knabe? Wer ist ein Mädchen? Wer ist ein Mann? Wer ist eine Frau?

Grammatisches. „Mann" ist ein *Substantiv*. „Der, die, das" ist der *bestimmte Artikel*. „Ein, eine, ein" ist der *unbestimmte Artikel*.

Aufgabe. Karl ist —. Marie ist —. Der Vater ist —. Luise ist —. Heinrich ist —. Anna ist —. Die Mutter ist —. Paul ist —. Julie ist —.

2. Nummer **zwei**; zwei Nummer*n*.

Karl ist ein Knabe. Ist Paul **auch** ein Knabe? **Ja,** Paul ist auch ein Knabe. Wer ist auch ein Knabe? Ist Luise auch ein Knabe? **Nein,** Luise ist ein Mädchen. Wer ist auch ein Mädchen? Ist Heinrich auch ein Mädchen? Das ist eine **Ente.**

1

Schwimmen, arbeiten, spielen.

Die Ente schwimm*t*. Das ist ein **Entchen**. Das
Entchen schwimmt auch. Der Vater arbeit*et*. Ar-
beitet Heinrich auch? Nein, Heinrich arbeitet **nicht**.
Wer arbeitet auch? Karl spiel*t*. Wer spielt auch?
Wer spielt nicht? Die Ente ist ein **Vogel**. Der Vogel.

Fragen. Spielt der Vater? Arbeitet Julie?
Schwimmt die Ente? Wer schwimmt auch? Wer
arbeitet? Wer arbeitet nicht? Wer spielt? Wer
spielt nicht? Wer schwimmt nicht? Wer ist ein
Mann? Wer ist eine Frau?

Grammatisches. „Schwimmen" ist der *Infinitiv* eines *Verbs*. „Schwimmt" ist die dritte *Person des Singulars des Präsens im Indikativ*.

Aufgabe. Wer spielt? Wer spielt nicht? Wer
arbeitet? Wer arbeitet nicht? Wer schwimmt? Wer
schwimmt nicht? Was ist die Ente? Karl? der
Vater? das Entchen? Julie? die Mutter?

3. Nummer **drei**; drei Nummern.

Der Vater arbeitet; **er** arbeitet. Die Mutter
arbeitet; **sie** arbeitet. Der Vater **und** die Mutter
arbeiten; **sie** arbeit*en*. Karl spielt; er spielt. Marie
spielt; sie spielt. Marie und Luise spielen; sie
spielen. Karl und Julie spielen; sie spielen. Ein
Mädchen arbeitet; **es** arbeitet. Das Entchen
schwimmt; es schwimmt. Die Ente und das Entchen
schwimmen; sie schwimmen. Karl ist ein Knabe.
Karl und Heinrich **sind** zwei Knabe*n*. Julie ist ein
Mädchen. Julie und Luise sind zwei Mädchen. Die
Ente ist ein Vogel. Das Entchen ist auch ein
Vogel. Die Enten und die Entchen sind Vögel.

Fragen. Was sind Karl und Heinrich? Luise und Julie? die Enten? die Entchen? Was ist Anna? Paul? Was sind Karl und Paul? Wer spielt? Wer arbeitet? Wer schwimmt? Schwimmen die Knaben? Arbeiten die Mädchen? Spielen der Vater und die Mutter? Sind Paul und Heinrich Mädchen?

Grammatisches. Es giebt drei *Geschlechter:* „er" ist *männlich,* „sie" ist *weiblich,* „es" ist *sächlich.* „Er, sie, es" sind *Pronomen.* „Knaben" ist der *Plural* zu Knabe.

Aufgabe. *Beispiel.* Vater: der Vater arbeitet; er arbeitet.

Karl. Mutter. Entchen. Marie. Anna.

4. Nummer **vier;** vier Nummern.

Die **Schwalbe** ist ein Vogel. Die Schwalben sind Vögel. Vier Schwalben. Die Schwalbe **fliegt.** Die **Biene** fliegt auch; die Bienen fliegen auch. Der **Hund** fliegt nicht; er **springt.** Karl spielt und **singt.** Drei Mädchen singen auch. Anna singt nicht; sie arbeitet. Der Hund ist **treu.** Der Vater arbeitet; er ist **fleissig.** Die Mutter arbeitet auch; sie ist auch fleissig. Der Vater und die Mutter sind fleissig. Julie ist **jung.** Der Vater und die Mutter sind nicht jung; sie sind **alt.** Die Entchen sind **klein.** Heinrich ist nicht klein; er ist **gross.**

Fragen. Wer ist jung? fleissig? klein? alt? gross? Wer ist nicht klein? nicht alt? nicht jung? Wer ist treu? Wer fliegt? Wer singt? Was ist die Schwalbe? Fliegt der Hund? Fliegt die Biene? Singt der Vater?

Grammatisches. „Treu" ist ein *Adjectiv.*

Aufgabe. *a)* Wer ist jung? Wer ist nicht jung? Wer ist klein? Wer ist nicht klein? Wer ist gross? Wer ist nicht gross? Wer ist alt? Wer ist nicht alt? Wer ist fleissig? Wer ist treu?

b) Beispiel. Anna: Anna arbeitet.

Karl und Marie. Die Vögel. Der Vater. Der Vater und die Mutter. Die Ente. Die Biene. Der Vogel. Die Schwalben. Luise und Julie.

c) Beispiel. Die Schwalbe: die Schwalbe ist ein Vogel.

Die Schwalben. Karl. Karl und Heinrich. Der Vater. Die Ente. Die Ente und das Entchen. Die Mutter. Anna.

5. Fünf.

Die Enten sind **nützlich**. Die Schwalben sind auch nützlich. Eine Ente ist **weiss**. Das **Papier** ist auch weiss. Die **Wiese** ist nicht weiss; sie ist **grün**. Die Wiesen sind grün. **Diese** Ente ist weiss. Diese Frau arbeitet. Dieser Knabe **heisst** Karl. **Jener** Knabe heisst Heinrich. Dieses Mädchen heisst Marie: jenes Mädchen heisst Anna. Die Biene ist ein **In-sekt**. Dieses Insekt ist nicht gross; es ist klein. Diese Insekten sind nützlich.

Fragen. Wer heisst Karl? Marie? Luise? Julie? Heinrich? Anna? Paul? Was sind die Enten? Karl und Heinrich? Marie und Anna? die Bienen? die Schwalben? Fliegen die Insekten? Singt der Hund? Was ist grün? weiss? Ist die Wiese nicht weiss? Ist das Papier nicht grün?

Grammatisches. „Dieser, jener" sind *Demonstrativ-Pronomen.*

Aufgabe. *a)* Dies— Mann. Dies— Frau. Dies — Mädchen. Dies— Knabe. Dies— Vogel.

Jen — Schwalbe. Jen — Schwalben. Dies — Hund.
Jen — Papier. Jen — Vogel. Dies — Entchen. Jen —
Enten.

b) Was ist weiss? Was ist nützlich? Was ist
grün? Was ist nicht grün? Was ist nicht weiss?

6. Sechs.

Das ist eine **Kirche**. Das ist ein **Hügel**. Das
ist auch ein Hügel. Das ist ein **Berg**. Das ist ein
Wald. Das ist ein **Baum**. Das ist ein **Kirsch**baum.
Das ist **Gras**. Das sind **Blumen**. Das Gras ist eine
Pflanze. Der Baum und die Blumen sind auch
Pflanzen. Der Hund ist ein **Tier**. Das Tier ist
nützlich. **Welche** Tiere sind nützlich? Der Baum,
die Kirche, der Hügel und der Berg sind **hoch**. Die
zwei Hügel sind grün. Die Berge sind weiss. Der
Kirschbaum ist **schön**. Die Berge sind **sehr** hoch;
Hügel sind nicht sehr hoch; die Kirche und die
Bäume sind nicht sehr hoch. Welcher Baum ist
ein Kirschbaum? Dieser Baum ist ein Kirschbaum.
Welches Mädchen heisst Anna? Dieses Mädchen
heisst Anna. Welche Knaben heissen Karl und
Heinrich?

Fragen. Was ist hoch? schön? weiss? Was
ist sehr hoch? Was ist eine Pflanze? ein Tier?
Welche Knaben spielen? Welcher Knabe spielt
nicht? Welches Mädchen arbeitet? Welche Mädchen
spielen? Welches spielt nicht? Welche Insekten
sind nützlich? Welche Mädchen singen? Welches
Tier singt? Welches Tier singt nicht? Welches
Tier ist treu? Welcher Mann ist fleissig? Welches
Mädchen ist sehr klein? Welcher Knabe ist sehr
klein? Welche Vögel sind nützlich? Wer ist nicht
sehr alt?

Grammatisches. „Wer, was, welcher" sind *fragende Pronomen.*

Aufgabe. *Setzt den bestimmten und unbestimmten Artikel vor die Substantive:*

Kirche. Vater. Hügel. Mutter. Wald. Mädchen. Baum. Biene. Gras. Entchen. Berg. Tier. Schwalbe. Hund. Ente. Papier. Vogel. Mann. Frau. Frage. Pflanze. Insekt. Blume.

7. Sieben.

Karl **sagt:**

Ich arbeite nicht; ich spiele; ich singe; ich springe. Dieser Mann ist **mein** Vater. Diese Frau ist meine Mutter. Mein Vater ist ein **Bauer,** und meine Mutter ist eine **Bäuerin.** Marie ist meine **Schwester.** Anna, Luise und Julie sind auch meine Schwestern. Ich **habe** vier Schwestern; Anna *hat* drei. Dieser Knabe ist mein **Bruder;** er heisst Heinrich. Ich habe *einen* Vater und eine Mutter, einen **Grossvater** und eine **Grossmutter,** zwei Brüder und drei Schwestern. Mein Vater und meine Mutter sind **gut.** Ich **liebe** *den* Vater und die Mutter, die Schwestern und die Brüder. Ich liebe meinen Vater und meine Mutter, meine Brüder und meine Schwestern. Jene Frau ist meine Grossmutter; sie ist sehr alt; sie arbeitet nicht **mehr;** sie ist **schwach.** Mein Grossvater ist sehr alt; **aber** er ist nicht schwach; er ist **stark;** er arbeitet **noch, wie** mein Vater und meine Mutter. Ich liebe den Grossvater und die Grossmutter. Der Grossvater und die Grossmutter sind nicht jung.

Fragen. Wer liebt den Vater? die Mutter? die Knaben? die Enten? den Hund? die Schwalben? Sind die Grossmütter jung? die Grossväter? Wer ist nicht mehr jung? nicht mehr klein? nicht mehr stark? Wer arbeitet nicht mehr? Wer spielt nicht mehr? Wer arbeitet noch nicht? Wer ist noch nicht alt? Hat Heinrich einen Bruder? Hat Julie zwei Brüder? Wer ist ein Bauer? Wer ist eine Bäuerin? Wer spielt wie Karl? Wer arbeitet wie der Vater? Wer hat drei Brüder? zwei Brüder? vier Schwestern? drei Schwestern? *Wie* ist das Papier? das Gras?

Grammatisches. „Den Vater" ist der *Akkusativ* zu „der Vater". „Mehr" ist ein *Adverb*. „Und" ist eine *Konjunction*.

Aufgabe. Ich habe ein— Vater, ein— Mutter, ein— Bruder, ein— Schwester, ein— Grossvater, ein— Grossmutter. Ich liebe mein— Vater, mein— Mutter, mein— Bruder, mein— Brüder, mein— Schwestern, mein— Schwester, mein— Grossvater, mein— Grossmutter, mein— Grossväter, mein— Grossmütter. Ich liebe d— Grossvater, d— Vater, d— Mutter, d— Bruder, d— Brüder, d— Schwester, d— Schwestern, d— Grossväter, d— Grossmutter, d— Grossmütter.

8. Acht.

Karl sagt **zu** Heinrich:

Ich **bin dein** Bruder. Du *bist* mein Bruder. Ich spiele, aber du spielst nicht. Ich bin jung; du bist auch jung. Ich habe zwei Brüder; du *hast* auch zwei Brüder. Marie und Luise sind meine Schwestern; sie sind auch deine Schwestern. Ich liebe den Vater; du liebst den Vater auch; du liebst auch den Grossvater, die Mutter und deine Schwestern. Hast du nicht einen Vater und eine

Mutter, Brüder und Schwestern? Bist du nicht
glücklich wie ich?

Grammatisches. „Mein" ist ein *Possessiv-
Pronomen.*

Fragen. Anna, wie heissen deine Schwestern?
Wie heissen deine Brüder? Hast du einen Gross-
vater und eine Grossmutter? Bist du glücklich?
Spielst du? Singst du nicht? Wer ist dein Vater?
Was ist dein Vater? Wer ist deine Mutter? Was
ist deine Mutter? Welcher Knabe ist dein Bruder
Karl? Welches Mädchen ist deine Schwester Julie?

9. Neun.

Karl ist jung, *er ist acht* **Jahre** *alt.* **Sein** Bruder Paul ist noch nicht acht Jahre alt: er ist sehr
jung; er ist zwei Jahre alt. *Wie alt* ist seine
Schwester Marie? Sie ist sechs Jahre alt. Wie alt
ist seine Schwester Julie? Sie ist vier Jahre alt.
Karl sagt: Der Bauer, mein Vater, hat einen Bruder.
Sein Bruder heisst **Hans.** Hans ist mein **Onkel.** Ich
bin sein **Neffe.** Anna ist seine **Nichte.** Meine Schwestern sind seine Nichten; meine Brüder sind seine
Neffen. Ich liebe den Onkel; ich liebe meinen Onkel
Hans. Mein Vater hat auch eine Schwester. Sie
ist meine **Tante.** Ich bin **ihr** Neffe. Meine Brüder
sind auch ihre Neffe*n.* Meine Schwester Anna ist
nicht ihr Neffe; sie ist ihre Nichte. **Alle** Schwestern
sind ihre Nichten. Wie **viele** Neffen hat die Tante?
Drei. Wie viele Nichten hat sie? Vier. Mein Vater
hat einen Bruder und eine Schwester. Meine Mutter
hat **keinen** Bruder und keine Schwester. **Wir** *haben*
also einen Onkel und eine Tante. **Unsere** Tante
heisst **Emilie;** unser Onkel heisst Hans. Wir lieben
unsern (== unseren) Onkel Hans und unsere Tante

Emilie. **Wen** liebt der Onkel? Er liebt seinen Vater und seine Mutter, seine Neffen und seine Nichten; er liebt auch unseren Vater und unsere Mutter. Unser Vater und unsere Mutter sind unsere **Eltern.** Wir lieben unsere Eltern. Unsere Eltern haben drei Knaben und vier Mädchen; sie haben sieben **Kinder.** Ich bin ihr **Sohn**; Heinrich und Paul sind auch ihre Söhne. Anna ist ihre **Tochter;** Marie, Luise und Julie sind auch ihre Töchter. Welches Kind heisst Anna?

Fragen. Wie viele Brüder hat der Vater? Wie viele Schwestern hat er? Wie viele Brüder hat Karl? Wie viele Schwestern hat er? Wie viele Tanten? Wie viele Schwestern hat Anna? Wie viele Brüder hat sie? Wie viele Kinder hat der Bauer? Wie viele Mädchen? Wie viele Knaben? Wer hat keinen Bruder? Was ist kein Vogel? kein Tier? Spielen alle Kinder? Fliegen alle Vögel? Welches Kind heisst Luise? Welches heisst Paul?

Aufgabe. *Possessiv-Pronomen.* Der Bauer und — Frau, — Kinder, — Vater, — Mutter, — Enten, — Blumen. Onkel Hans und — Neffe, — Nichten. — Bruder, — Schwester, — Vater, — Mutter. Tante Emilie und — Bruder, — Brüder, — Vater, — Mutter, — Neffen, — Nichten. Die Kinder und — Vater, — Mutter, — Grossvater. — Tante, — Onkel, — Grossmutter, — Brüder, — Blumen.

10. Zehn.

Karl hat einen Hund; das ist Karls Hund. Marie hat drei Schwestern; das sind Mariens Schwestern. Luisens Schwester Julie ist vier Jahre alt. Karls Schwestern spielen und arbeiten. Emiliens

Blumen sind schön. Wie heisst Karls Onkel? Juliens
Tante? Heinrichs Vater ist **Herr Albert Braun.** Frau
Braun ist Annas Mutter.

Karl und Heinrich sagen zu Anna und Julie:

Unser Onkel Hans ist auch **euer** Onkel, unsere
Tante ist auch euere Tante, unsere Eltern sind
auch euere Eltern. **Ihr** hab*t*, wie wir, einen Grossvater und eine Grossmutter; ihr *seid* Kinder wie
wir; ihr liebt euere Eltern, ihr spielt, ihr springt,
ihr singt, ihr arbeit*et* auch.

Wir sagen zu Frau Braun:

Sie haben drei Söhne und vier Töchter; *Sie*
haben ein **Haus** und einen **Garten;** Sie haben Enten
und Entchen, **Hühner** und **Pferde,** Wiesen und Wälder.
Ihre Kinder sind **brav;** Sie sind glücklich.

Fragen. Was ist das Pferd? das Huhn? Ist
das Pferd schwach? Ist Karl ein Herr? Wer ist
ein Herr? Wie viele Söhne hat Herr Braun? wie
viele Töchter? Wer ist brav? Karl und Heinrich,
wie heissen euere Schwestern? euer Onkel? euere
Tante? Herr Hans Braun, haben Sie zwei Neffen?
eine Nichte? **Fräulein** Braun, wie heissen Ihre Brüder?
wie heissen Ihre Neffen und Ihre Nichten? Wer
ist Karls Vater? Mutter? Bruder? Schwester? Wer
ist Annas Mutter? Juliens Vater?

Grammatisches. „Karls" ist der *Genetiv.*

Aufgabe. *a) Höflichkeitsform.* Ich sage zu Karls
Vater:

Herr Braun, — Söhne sind brav; — Töchter
sind auch brav; ich liebe — Sohn Karl; er ist
gut; ich liebe auch — Tochter Anna; sie ist gut
und arbeitet. Ich liebe — Bruder und — Tochter.

b) Artikel. Der Bauer hat — Garten. — Haus. — Bruder, — Vater, — Mutter, — Pferd, — Wald. — Wiese, — Hund, — Frau.

Infinitiv: *sein*   *haben*

Präsens des Indicativ		
ich bin		ich habe
du bist		du hast
er, sie, es ist		er hat
(Sie sind)		(Sie haben)
wir sind		wir haben
ihr seid		ihr habt, habet
sie sind		sie haben
(Sie sind)		(Sie haben)

Infinitiv: *spielen*   *arbeiten*

Präsens des Indicativ		
ich spiele		ich arbeite
du spielst		du arbeitest
er, sie, es spielt		er arbeitet
(Sie spielen)		(Sie arbeiten)
wir spielen		wir arbeiten
ihr spielt, et		ihr arbeitet
sie spielen		sie arbeiten
(Sie spielen)		(Sie arbeiten)

Possessiv-Pronomen.

	Singular			Plural
	männlich	*weiblich*	*sächl.*	*alle drei Geschlechter*
	mein	meine	mein	meine
	dein	deine	dein	deine
(Männl. Besitzer)	sein	seine	sein	seine
(Weibl. „)	ihr	ihre	ihr	ihre
(höflich)	Ihr	Ihre	Ihr	Ihre
	unser	unsere	unser	unsere
	euer	euere	euer	euere
	ihr	ihre	ihr	ihre
(höflich)	Ihr	Ihre	Ihr	Ihre

Plural der Substantive.

I.

Plural:

a)	der Hügel ·	Hügel	
	der Onkel	Onkel	
	das Mädchen	Mädchen	unverändert
	das Entchen	Entchen	
	das Fräulein	Fräulein	
b)	der Vater	Väter	
	der Vogel	Vögel	
	der Bruder	Brüder	
	der Garten	Gärten	mit Umlaut
weibl.	die Mutter	Mütter	
	die Tochter	Töchter	

II.

a)	der Hund	Hunde	
	der Berg	Berge	
	das Tier	Tiere	—e
	das Pferd	Pferde	
	das Papier	Papiere	
b)	der Baum	Bäume	—e mit Umlaut
	der Sohn	Söhne	

III.

der Wald	Wälder	
das Gras	Gräser	
das Kind	Kinder	—er
das Haus	Häuser	
das Huhn	Hühner	

IV.

die Frau	Frauen	
die Ente	Enten	
die Schwalbe	Schwalben	
die Wiese	Wiesen	
die Kirche	Kirchen	—(e)n
die Blume	Blumen	
die Pflanze	Pflanzen	
die Schwester	Schwestern	

Plural:

die Nichte	Nichten	
die Tante	Tanten	
die Bäuerin	Bäuerinnen	
der Knabe	Knaben	—(e)n
der Neffe	Neffen	
der Herr	Herren	
der Bauer	Bauern	
das Insekt	Insekten	

Wiederholung der Wörter in den Nummern 1—10.

1. Was ist der Vater? die Mutter? Karl? Marie? die Ente? der Vogel? die Biene? die Schwalbe? der Hund? das Insekt? das Gras? der Kirschbaum? das Pferd? das Huhn? der Neffe? die Nichte? der Onkel? die Blume? das Entchen?

2. Wie ist das Papier? die Wiese? die Kirche? der Kirschbaum? das Gras? die Blume? der Grossvater? der Berg?

3. Wer hat zwei Brüder? drei Brüder? drei Schwestern? vier Schwestern? einen Onkel? eine Tante? ein Haus? zwei Pferde? drei Söhne? vier Töchter? Neffen? Nichten?

4. Wer arbeitet? schwimmt? spielt? fliegt? springt? singt? heisst Karl? liebt seine Eltern?

5. Wer ist treu? fleissig? jung? alt? klein? schwach? stark? gut? glücklich? brav? Welche Tiere sind nützlich? schwimmen nicht? fliegen nicht? Was ist grün? hoch? schön? weiss? Wer oder was ist nicht mehr weiss? nicht mehr jung? Welches Tier schwimmt wie die Ente? fliegt wie die Schwalbe?

11. Elf.

Die Bäume *des* Wald*es* sind **Tannen**. Die Tanne ist ein Baum. Das **Fenster** des Hauses ist **offen**. Die **Thüre** des Hauses ist auch offen. Die Thüre des

Hauses ist gross; die Thüre des Gartens ist klein.
Die Thüre des Hauses und des Gartens sind offen.
Die Fenster und die Thüren sind **Teile** des Hauses.
Die **Blüten** des Kirschbaumes sind weiss. Der **Schnee**
des Berges ist auch weiss. Der **Name** dieses Mäd-
chens ist Anna, der Name jenes Mädchens ist Julie.
Das **Dach** *der* Kirche ist hoch. Die Blumen der
Wiese sind schön. Die **Farbe** der Blüte ist weiss,
die des Schnees ist auch weiss, die des Grases ist
grün, die der Schwalbe ist **schwarz** und weiss, die
des Entchens ist **gelb,** die des Pferdes ist weiss
oder schwarz oder **braun** oder **rot.** Wie ist die
Farbe des Hundes? eines Huhnes? einer Ente? des
Hügels? Wie ist der **Strauss** des Fräuleins Emilie?
Der Name dieses Knaben ist Heinrich, der Name
jenes Knaben ist Karl. Welches ist der Name des
Onkels? der Tante? Wie heissen die Söhne des
Bauers und der Bäuerin, des Herrn und der Frau
Braun? Die Dächer *der Bauernhäuser* sind nicht
hoch. Ein Sohn des Bauers heisst Karl. Was ist
der Sohn meines Bruders? Er ist Ihr (dein) Neffe.
Karl Braun ist der Sohn des Bauers und der Bäuerin.
Die Söhne des Bruders und der Schwester sind
Neffen; die Töchter des Bruders und der Schwester
sind Nichten. **Enkel** heissen die Söhne des Sohnes
und der Tochter, **Enkelin**nen die Töchter eines
Sohnes und einer Tochter. Die Väter des Vaters
und der Mutter sind die Grossväter; die Mütter
des Vaters und der Mutter sind die Grossmütter.
Der Bruder des Vaters oder der Mutter ist unser
Onkel; die Schwester des Vaters oder der Mutter
ist unsere Tante.

Fragen. Was ist der Vater deines Vaters? die
Tochter meiner Schwester? die Mütter deines Vaters
und deiner Mutter? der Bruder seines Vaters? die

Schwester seiner Mutter? Welches sind Teile des Hauses? der Kirche? des Gartens? Welche Tiere sind braun? gelb? weiss? Welches ist die Farbe des Schnees? des Grases? des Hundes? der Ente? des Pferdes? der Blüte des Kirschbaumes? der Schwalbe? Was ist offen? schwarz? braun? rot? Spielt Heinrich oder Karl? Arbeitet Anna oder Julie? Schwimmt die Ente oder das Huhn? Ist der Schnee weiss oder schwarz? Ist der Hund schwarz oder braun?

Aufgabe. Das Haus hat — Dach. Fräulein Emilie hat — Strauss. Die Grossmutter hat — Enkel und — Enkelinnen. Die Farbe — Pferd — ist braun oder —. Die Thüre — Haus — ist offen. Die Blüten — Kirschbaum — sind weiss. Die Farbe — Dach — ist rot, die Ente — ist weiss oder —. Der Schnee — Berg — ist weiss. Das Gras — Wies — ist grün. Die Thüre ist ein Teil — Haus —. Das Fenster ist auch —. das Dach ist auch —. Die Blüten sind —. Der Enkel ist der Sohn —. Die Enkelin ist die Tochter —. Die Pferde — Bauer — sind stark. Der Baum — Gart — ist ein Kirschbaum. Die Söhne — Bauer — und — Bäuer — heissen —.

Bildung des Genetiv Singular.

männlich und sächlich:

des Waldes. Hundes, Pferdes. Berges, Grases;
des Sohn(e)s, Huhn(e)s;
des Schnees, Karls;
des Vaters, Bruders, Bauers, Hügels, Onkels. Gartens, Entchens. Mädchens. Fräuleins;
des Knaben, Neffen, Herrn. (Auch *Akkusativ:* den Knaben, Neffen, Herrn.)

weiblich:

der Schwester, Tochter, Mutter, Kirche, Wiese.
Blume, Frau, Tante, Ente, Schwalbe, Bäuerin, Blüte.

Eigennamen auf — ie:

Mariens, Juliens, Luisens, Emiliens.

12. Zwölf.

Herr Hans Braun liebt seinen Neffen Karl.
Hat er **nur** einen Neffen? Nein, er hat drei. Wir
sehen den Grossvater; er arbeitet. Wir sehen auch
den Vater; er arbeitet auch. **Wo** ist der Grossvater?
Er ist **in** *dem* Garten. Ist Anna auch in dem Garten?
Nein, sie ist **vor** dem Garten. Die Wiese ist **hinter**
dem Garten. Die Blumen sind **auf** *der* Wiese. Die
Häuser sind hinter der Kirche. Luise, Marie und
Julie spielen **mit** ein*em* Knaben, mit ihr*em* Bruder
Karl. Mit *wem* spielt Paul? Paul spielt mit einem
Tiere; dieses Tier ist ein **Lamm**. Das Lamm ist
ein Haustier. Die Pferde und die Hunde sind auch
Haustiere. Sehen wir **mehrere** Lämmer auf dem
Bilde? Nein, wir sehen nur *eines*. Sehen wir viele
Bauern? Nein, nur *einer* ist auf dem Bilde. Mit
wem spielt Karl? Er spielt mit Marien, Luisen und
Julien. Diese sagen: Wir spielen mit unserem Bruder
Karl. Wo spielen die Kinder? Sie spielen vor dem
Garten, auf der **Strasse.**

Wir sehen zwei **Nest**er auf dem Bilde. Der
Bauer sagt: Ich sehe nur eines, das *Storchennest*.
Das Nest auf dem Dache ist gross, das Nest **unter**
unserem Dache ist klein. Die Vögel **bauen** die
Nester. Ein Vogel **sitzt** in einem Neste auf dem
Dache. Das ist ein **Storch**. Einer **steht** auf dem
Neste. Das Storchennest ist gross, das Schwalben-

nest ist klein. Der Storch ist auch gross. Die Störche sind weiss, schwarz und rot. Die Vögel fliegen in der **Luft.** Das Entchen schwimmt mit der Ente in dem **Wasser.** Die Kinder arbeiten nicht mit dem Vater und mit der Mutter. Die Kinder spielen mit einem Hunde. Mit welchem Tiere spielt Paul? Er spielt mit diesem Lamme. Die Farbe des Lammes ist weiss; die Farben des Storches sind weiss, rot und schwarz. Schnee ist auf dem Berge. Tannen sind in unserem Walde. Blüten sind auf dem Baume. Julie und ihre Schwestern spielen mit ihrem Bruder. Onkel Hans ist gut mit seinem Neffen und mit seiner Nichte. Wie viele Nester sind auf jenem Hause? Sitzt der Bauer auf dem Pferde? Die Grossmutter sitzt mit Paul vor der Thüre des Hauses. Mit welchem Bruder spielen die Mädchen? Mit welchem Tiere spielst du, Paul? Ich spiele mit diesem Tiere, mit dem Lamme. Spielst du nicht mit deinem Bruder Karl? Welche Tiere arbeiten mit jenem Manne?

Fragen. Wer oder was ist in dem Garten? vor dem Hause? auf dem Dache? hinter dem Hause? auf dem Hause? auf der Wiese? auf dem Baume? in dem Wasser? unter dem Dache? Wer spielt auf der Strasse? arbeitet in dem Garten? schwimmt in dem Wasser? sitzt auf dem Hause? steht auf dem Neste? Wo spielen die Kinder? schwimmen die Entchen? arbeitet die Mutter? fliegen die Vögel? singen die Mädchen?

Wo sind die Blumen? der Schnee? die Pferde? die Kinder? Karls Bruder? die Tannen? der Wald? der Kirschbaum? der Hund? die Schwalben? die Enten? Wer ist auf der Strasse? in dem Neste? in der Luft? Wo seht ihr den Vater? die Mutter?

die Hühner? die Blüten? den Schnee? Insekten?
eine Frau? Wer sitzt? Wer sitzt nicht? Wer steht?
Wo steht der Kirschbaum? Wo sitzt die Grossmutter?
ein Storch? Paul?

Grammatisches. „Zu, vor, auf" sind *Prä-*
positionen.

Aufgabe. *a) Artikel.* Enkel, Tanne, Fenster.
Enkelin, Knabe, Hund, Thüre, Mädchen, Frau, Teil,
Mutter, Mann, Dach, Strauss, Huhn, Pferd, Farbe,
Haus, Garten, Sohn, Name, Schnee, Tochter, Blüte,
Herr, Jahr, Onkel, Kind, Nichte, Neffe, Schwester,
Grossvater, Tante, Bruder, Baum, Kirche, Hügel,
Tier, Pflanze, Gras, Wald, Kirschbaum, Berg.

b) Der Grossvater ist in —. Das Dach ist
auf —. Die Blüten sind auf —. Der Garten ist
vor —. Die Hühner sind vor —. Die Kinder
sind auf —, in — und vor —. Die Mutter ist
in —. Die Wiese ist hinter —. Der Hügel ist
hinter —. Der Berg ist hinter —. Vor — sind
sind die Kinder. In — sind der Grossvater und
die Mutter. In — sind die Enten und Entchen.
Die Blumen sind auf —. Die Tannen sind in —.
Der Hund ist auf —, vor —.

c) Wir sehen — Lamm; — ist vor —. Ich sehe
— Nest; — ist auf —. Wir sehen — Grossvater;
— ist in —. Ich sehe — Grossmutter; — ist vor
— des Haus—. Ich sehe — Wald; — ist vor
—. Ich sehe — Blüten; — sind auf —. Ihr seht
— Kirche nicht; — ist hinter —. Wir sehen —
Sohn des Bauer—; — spielt vor —.

Bildung des Dativ Singular.

männlich und sächlich:

dem Garten, Vater, Bruder, Wasser;
Karl;
dem Tiere, Dache, Neste, Lamme, Hause, Pferde,
Bilde, Felde, Hunde, Walde, Berge, Baume;
dem Knaben, Neffen, Herrn.

weiblich:

der Wiese, Kirche, Strasse, Luft, Mutter, Ente,
Nichte, Thüre;
Marien, Luisen, Julien, Emilien.

13. Dreizehn.

Die Schwestern der Knaben spielen und arbeiten. Die Farbe der Enten ist gelb oder weiss.
Die Nester der Schwalben sind klein. Die Blumen
der Wiesen sind schön. Die Blüten der Kirschbäume sind weiss. Annas Schwestern spielen auf
der Strasse. Die Nester der Störche sind gross.
Der Vater dieser Kinder arbeitet auf dem **Felde.**
Der Grossvater dieser Kinder heisst **Moritz.** Wir
lieben das *Grün* unserer Berge. Wir sehen die
Bäume der Wälder.

Die Blüten sind auf *den* Bäumen. Karl spielt
und singt mit seinen Schwestern. Der Vater arbeitet mit den Pferden. Die Blumen sind auf den
Wiesen, in den Gärten und in den Wäldern. Die
Eltern sind gut mit den Kindern. Die Fragen stehen
hinter den Nummern. Schnee ist auf den Bergen.
Die Berge sind hinter den Hügeln. Der Bauer auf
dem Felde ist hinter den Pferden. Die Farben des
Bildes sind weiss, grün, rot, braun, gelb und schwarz.

Fragen. Was ist auf den Wiesen? in den Wäldern? in den Häusern? auf den Bergen? Wo sind die Hühner? die Kinder? die Pferde? die Berge? die Mädchen? die Brüder? die Vögel? die Blumen? die Pflanzen? die Schwalben? die Störche? die Enten? Wer arbeitet mit den Pferden? spielt mit dem Lamme? singt und spielt mit den Mädchen? Wer ist auf der Strasse? Wer hat einen Strauss?

Wo sind die Eltern der Kinder? der Onkel der Knaben? die Nester der Schwalben? die Neffen des Herrn Hans Braun? Wie ist die Farbe der Hühner? das Grün der Wälder? das Nest der Schwalben? die Blüten der Kirschbäume? das Nest der Störche? Mit welchen Tieren ist Anna gut?

Aufgabe. *Setzet die Substantive in den Plural.* Das Entchen ist ein Vogel. Der Enkel ist ein Sohn des Sohnes oder der Tochter. Der Onkel ist der Bruder des Vaters oder der Mutter. Das Pferd ist ein Tier. Der Storch ist ein Vogel. Die Biene ist ein Insekt. Das Lamm ist ein Tier. Das Huhn ist ein Vogel. Die Enkelin ist die Tochter des Sohnes oder der Tochter. Der Neffe ist der Sohn des Bruders oder der Schwester. Karl (und Heinrich) ist ein Knabe. Die Nichte ist die Tochter des Bruders oder der Schwester. Die Blume ist eine Pflanze. Die Tante ist die Schwester des Vaters oder der Mutter. Die Tanne ist ein Baum. Das Nest ist auf dem Dache. Die Blüte ist auf dem Baume. Das Kind ist vor dem Garten. Dieser Berg ist hinter dem Hügel. Jene Blume ist vor dem Fenster. Die Blumen sind auch in dem Garten, auf der Wiese und in dem Walde.

Übersicht.

Singular.

Nominativ		Akkusativ		Genetiv		Dativ	
			männlich:				
der		den		des		dem	
dieser		diesen		dieses		diesem	
welcher		welchen		welches		welchem	
jener		jenen		jenes		jenem	
ein		einen		eines		einem	
mein		meinen		meines		meinem	
dein	Vater	deinen	Vater	deines	Vaters	deinem	Vater
sein		seinen		seines		seinem	
Ihr		Ihren		Ihres		Ihrem	
unser		unseren		unseres		unserem	
euer		eueren		eueres		euerem	
ihr		ihren		ihres		ihrem	
Ihr		Ihren		Ihres		Ihrem	
			weiblich:				
die		die		der		der	
diese		diese		dieser		dieser	
welche		welche		welcher		welcher	
jene		jene		jener		jener	
eine		eine		einer		einer	
meine		meine		meiner		meiner	
deine	Mutter	deine	Mutter	deiner	Mutter	deiner	Mutter
seine		seine		seiner		seiner	
Ihre		Ihre		Ihrer		Ihrer	
unsere		unsere		unserer		unserer	
euere		euere		euerer		euerer	
ihre		ihre		ihrer		ihrer	
Ihre		Ihre		Ihrer		Ihrer	
			sächlich:				
das		das		des		dem	
dieses		dieses		dieses		diesem	
welches		welches		welches		welchem	
jenes		jenes		jenes		jenem	
ein		ein		eines		einem	
mein		mein		meines		meinem	
dein	Kind	dein	Kind	deines	Kindes	deinem	Kinde
sein		sein		seines		seinem	
Ihr		Ihr		Ihres		Ihrem	
unser		unser		unseres		unserem	
euer		euer		eueres		euerem	
ihr		ihr		ihres		ihrem	
Ihr		Ihr		Ihres		Ihrem	

Plural.

männlich, weiblich und sächlich:

Nominativ	Akkusativ	Genetiv	Dativ
die Väter	die Väter	der Väter	den Vätern
diese Mütter	diese Mütter	dieser Mütter	diesen Müttern
welche Kinder	welche Kinder	welcher Kinder	welchen Kindern
jene Väter	jene Väter	jener Väter	jenen Vätern
meine Mütter	meine Mütter	meiner Mütter	meinen Müttern
deine Kinder	deine Kinder	deiner Kinder	deinen Kindern
seine Väter	seine Väter	seiner Väter	seinen Vätern
unsere Mütter	unsere Mütter	unserer Mütter	unseren Müttern
euere Kinder	euere Kinder	euerer Kinder	eueren Kindern
ihre Väter	ihre Väter	ihrer Väter	ihren Vätern

14. Vierzehn.

Unsere Familie.

Ich **wohne** mit meinen Eltern, Grosseltern, Brüdern und Schwestern in einem Bauernhause. Vor dem Hause ist ein Garten. Meine Mutter arbeitet **oft** im Garten und mein Grossvater auch. Mein Vater ist ein Bauer; er hat Wiesen, Wälder und Felder. Er arbeitet mit seinen Pferden oft auf dem Felde. Die Pferde **ziehen** die **Egge**. Mein Vater **eggt** das Feld. Er ist **immer** fleissig. Unser Grossvater und unsere Grossmutter wohnen in unserem Hause. Jener arbeitet auch noch, aber diese arbeitet nicht mehr. Ich habe zwei Brüder und vier Schwestern; unsere Eltern haben also sieben Kinder.

Mein Onkel Hans ist kein Bauer. Er hat keine Wiesen und Wälder. Aber er hat eine **Mühle**; er ist ein **Müller.** Er wohnt in seiner Mühle. Unsere Tante Emilie wohnt auch in der Mühle. **Bei** der Mühle ist ein **Steg**. **Zwischen** dem Stege und unserem Garten ist eine Strasse. Wir spielen oft auf der Strasse. Auf unserem Hause ist ein Storchennest; unter dem Dache des Hauses ist ein Schwalbennest. Die Schwalben fliegen **umher**. Die Bienen

fliegen auch umher. Sie sind im Garten und auf
der Wiese. Unser Bruder Paul hat ein Lamm. Er
spielt oft mit dem Lamme. Sein Lamm ist weiss.
Wir haben einen Hund. Unser Hund ist braun.
Wir lieben unseren Hund. Auf unseren Wiesen
sind viele Bäume. Es sind **Apfelbäume** und **Birnbäume**. Wir lieben die **Früchte** des Apfelbaumes
und des Birnbaumes. Sie heissen **Äpfel** und **Birnen**.

Fragen. Wer wohnt in den Bauernhäusern?
Sind die Bauernhäuser schön? Ist die Familie des
Herrn Braun gross oder klein? Was ist die Mühle?
Wer hat eine Mühle? Wer wohnt in der Mühle?
Was ist der Müller? Wie heisst der Müller? Wie
heissen die Neffen und Nichten des Müllers? Wer
ist auf dem Stege? Wo sind Apfelbäume? Sind in
dem Walde Birnbäume? Wie heisst die Frucht des
Apfelbaumes? des Birnbaumes? Wie sind die Blüten
der Birnbäume? der Apfelbäume?

Wer ist zwischen Karl und Julien? zwischen
Heinrich und dem Grossvater? zwischen den Hühnern
und den Entchen? Was ist zwischen dem Felde und
dem Hügel? zwischen dem Felde und der Wiese?
zwischen der Mühle und dem Bauernhause? Wer
sitzt bei der Thüre des Bauernhauses? Bei wem
ist die Mutter? Paul?

Wer fliegt umher? Wer springt umher? Wo
schwimmen die Enten umher? Wo springen die
Kinder umher? Wer ist immer fleissig? Was ist
immer weiss? immer schön? Wer spielt oft mit
dem Lamme? mit dem Hunde?

Aufgabe. *Verwandelt den Plural in den Singular.*
Die Früchte der Apfelbäume. Die Pflanzen der
Wälder. Die Äpfel der Bäume. Die Früchte der

Felder. Die Birnen der Birnbäume. Die Blumen der Gärten. Die Thüren der Kirchen. Die Pflanzen dieser Felder. Die Neffen und Nichten dieser Bauern. Die Nester jener Schwalben. Die Tannen unserer Wälder. Die Lämmer der Bauern. Die Dächer euerer Kirchen. Die Nester jener Störche. Die Kinder der Bauern. Die Früchte sind auf den Bäumen, in den Feldern und in den Häusern. Die Blumen sind auf den Wiesen, in den Gärten, auf den Bäumen, in den Wäldern, auf den Hügeln und Bergen.

15. Fünfzehn.

Fräulein Emilie hat einen Strauss. Dieser ge-hört Emilien. Die Pferde gehören dem Bauer. Dieses Nest gehört den Schwalben. Wem gehört das Haus? Es gehört der Familie Braun. Emilie trägt einen Strauss. Was trägt sie auch noch? Sie trägt auch noch einen **Hut.** Die Farbe des Hutes ist gelb. Emilie trägt den Hut nicht auf dem **Kopfe.** Sie trägt den Hut in der **Hand.** Die Kinder tragen keine Hüte. Wem gehört der Hut? Er gehört Emilien; er gehört der Schwester des Müllers und des Bauers. Die Mühle gehört dem Müller.

Fräulein Braun **bringt** der Grossmutter einen Strauss. Anna bringt den Hühnern und Enten **Futter.** Die Schwalben bringen ihren *Jungen* Futter. Wem bringt Emilie ihren Strauss? Sie bringt ihren Strauss der Grossmutter. Wem bringt Anna das Futter? Sie bringt das Futter den Hühnern und Enten. Wem bringen die Schwalben das Futter? Sie bringen das Futter ihren Jungen. Wem bringen sie Futter? Sie bringen den Jungen Futter. Was bringt Emilie der Grossmutter? Sie bringt der Grossmutter einen Strauss. Wem bringen die Kinder

Sträusse? Sie bringen den Eltern Sträusse. Was
bringt Anna den Hühnern und Enten? Sie bringt
den Hühnern und Enten das Futter. Wem bringt
Anna das Futter? Sie bringt das Futter den Hühnern
und Enten. Wem bringt Anna Futter? Sie bringt
den Hühnern Futter.

Die Grossmutter liebt die Blumen. Sie **dankt**
ihrer Tochter **für** die Blumen. Die Kinder danken
ihren Eltern. Anna **füttert** die Hausvögel. Sie liebt
die Tiere. Die Schwalben füttern ihre Jungen.
Paul ist Karls und Heinrichs Bruder. Er **gleicht**
seinem Bruder Karl und auch seinem Bruder Heinrich. Heinrich gleicht Julien. Die Brüder gleichen
den Schwestern.

Fragen. Wem gehört (gehören) das Bauernhaus? die Mühle? das Nest unter dem Dache? das
Nest auf dem Dache? der Hund? das Lamm? die
Hühner? der Strauss? die Bienen? Was gehört
dem Bauer? den Schwalben? Emilien? den Störchen?

Was trägt der Kirschbaum? das Haus? Emilie?
der Apfelbaum? der Steg? der Birnbaum? die Grossmutter? Wer trägt einen Hut? Wer hat einen
Kopf? Was tragen wir auf dem Kopfe? Wer trägt
keinen Hut auf dem Kopfe?

Was bringt Emilie der Grossmutter? Wem
bringt sie den Strauss? Wem bringt Anna das
Futter? Wem bringen die Schwalben das Futter?
Wem danken die Kinder? Welche Tiere füttert
der Bauer mit Gras? Welche Tiere füttert er nicht
mit Gras? Wem gleicht der Sohn? die Tochter?
Was bringen die Vögel ihren Jungen?

Aufgabe. Auf dem Stege ist —. Tante Emilie
— Hut. Sie trägt — Hut nicht auf —. Tante
Emilie trägt auch —; sie bringt — Strauss —

Grossmutter; sie liebt — Mutter. Sie liebt auch —.
Ihre Neffen und Nichten lieben — Tante auch;
sie ist gut mit ihr —. Tante Emilie wohnt in — ;
die Mühle gehört —; ihr Bruder Hans ist —.
Seine Schwester arbeitet in — und in dem —.
Wir sehen Vögel auf dem Bilde: — Störche, —
Schwalben, — Enten, — Entchen. Die Störche
sind auf —; sie sind gross. Sie haben — auf dem
Dache; dies— ist auch gross. Die Schwalben sind
unter —; sie haben auch —. Dieses ist nicht
gross, — ist —. Die Enten sind vor — und im
(— in dem) —; ein— ist vor —, drei sind in —.
Eine Ente —, zwei Enten —. Anna — die Hühner;
sie — auch die Enten und die —. Welche Vögel
singen? Welche Vögel sind nützlich.

16. Sechszehn.

Bei dem **Bache** steht ein Baum. Das ist kein
Apfelbaum; es ist eine **Weide**. **Blüht** diese Weide
wie der Kirschbaum in dem Garten? Nein, sie blüht
nicht mehr. **Wann** blühen die Bäume? Die Bäume
blühen in **England**, in der **Schweiz**, in **Frankreich,
Deutschland** u. s. w. (— und **so weiter**) im **Frühling**.
Frankreich und Deutschland sind **Länder**. Die
Schweiz ist auch ein Land. Frankreich, England
und Deutschland sind gross, die Schweiz ist klein.
Der Frühling ist eine **Jahreszeit**. Das Jahr hat vier
Jahreszeiten. Der Frühling ist die **erste** Jahreszeit.
Wir lieben die Blumen des Frühlings.
Hat Heinrich einen Hut in der Hand? Nein,
er hat keinen Hut in der Hand, er hat **Brot** in der
Hand; er **isst** Brot. *Issest* du auch Brot? Ja, ich
esse auch Brot; wir Kinder essen alle Brot. Die
Mutter **giebt** den Kindern Brot. Die Eltern geben

den Kindern auch Früchte, wie Äpfel, Birnen u. s. w. Die Kinder essen **gern(e)** Äpfel und Birnen == **(gleich)** sie lieben Äpfel und Birnen. Äpfel und Birnen sind Früchte des Landes. Esset ihr oft Birnen? Wer giebt den Kindern Brot? Wem giebst du Blumen, Marie? Gleichen die Birnen den Äpfeln? Gleicht die Weide der Tanne?

Infinitiv: *essen*	*geben*
Präsens ich esse	ich gebe
du issest	du giebst
er isst	er giebt
wir essen	wir geben
ihr esset	ihr gebet
sie essen	sie geben

Infinitiv: *tragen*	*haben*
Präsens ich trage	ich habe
du trägst	du hast
er trägt	er hat
wir tragen	wir haben
ihr traget	ihr habet
sie tragen	sie haben

Fragen. Was ist die Weide? Was ist der Frühling? Wo ist die Weide? Blüht sie? Welcher Baum blüht? Wann blühen die Bäume? Was blüht auf der Wiese? Wie viele Jahreszeiten hat das Jahr? Wie heisst die erste Jahreszeit?

Wer isst Brot? Was isst er? Wer giebt den Kindern Brot? Wer giebt den Hühnern und Enten das Futter? Was giebt Emilie der Grossmutter? Wem geben die Mädchen Blumen? Was geben die Eltern den Kindern? Was geben die Mädchen den Eltern?

Wer spielt gerne? Wer arbeitet gerne? Wer springt gerne? Welche Tiere schwimmen gerne?

Wer *hat* die Schwalben *gern?* Wer hat die Blumen
gern? Was ist die Schweiz? Hat die Schweiz auch
Berge? Sind die Berge der Schweiz hoch? In
welcher Jahreszeit blühen die Bäume?

Aufgabe. Die Blumen sind —. Wir sehen
Blumen vor —; diese Blumen sind —; sie gehören —. Die Bäuerin giebt — Wasser. Die
Bäuerin liebt —. Wir sehen auch Blumen auf —,
in —. Der Kirschbaum hat viele —; wir sagen:
der Kirschbaum —. Die Blüten des Kirschbaumes
sind nicht —, sie sind —. Die Bäume sind —.
Auf der Wiese sind — und —, im Walde sind —.
Im Garten — Bauer — steht —. Die Bäume — im
Frühling. Die Apfelbäume und die Birnbäume —
noch nicht. Die Bäume tragen auch —. Die Frucht
— Apfelbaum — heisst Apfel, die — Birnbaum—
heisst —.

17. Siebzehn.

Die Vögel haben **Schnäbel.** Der Schnabel des
Huhns ist **kurz.** Der Schnabel des Storches ist **lang.**
Bei den Hühnern sind **Sperlinge.** Der Sperling ist
klein. Sein Schnabel ist kurz. Die **Flügel** des Sperlings sind auch kurz. Die Flügel der Schwalben
sind lang. Ihre Schnäbel sind kurz.

Die Vögel haben zwei **Füsse. Wessen** Füsse
sind stark? Die Füsse des **Menschen** sind stark.
Der Mensch hat nur zwei Füsse; aber er hat auch
zwei Hände. Die Hunde und die Pferde haben
vier Füsse; aber sie haben keine Hände. Die Menschen haben keine Flügel; sie fliegen nicht. Der
Fuss ist ein Teil des **Körpers.**

Die Hühner sind **nützlich.** Sie **legen Eier.** Das
Ei der Schwalbe ist klein. Wir essen die Eier der

Hühner. Wir essen die Eier der Störche und der
Sperlinge nicht, aber wir essen die Eier der Enten.

Die Mutter **kocht** die Eier. **Man** kocht auch
die **Suppe** und das **Fleisch**. Wir essen ein **Gemüse**
mit dem Fleische. Suppe. Fleisch und Gemüse sind
das **Mittagessen** der Familie Braun. Die **Magd** kocht
das Mittagessen dieser Familie. Sie ist in der **Küche**.
Die Küche ist ein Teil des Hauses. Die Thüre der
Küche ist offen; wir sehen also die Magd.

Fragen. Wie viele Enten seht ihr vor dem
Garten? im Bache? Wie viele Entchen sind vor
dem Garten? im Bache? Wo sind die Sperlinge?
wie viele? Wo seht ihr die Schwalben? Wie viele
fliegen? Wie viele Schnäbel hat der Storch? die
Schwalbe? Wer hat Flügel? Wer hat keine Flügel?
Wie viele Füsse haben die Menschen? die
Pferde? die Hühner? die Lämmer? die Störche?
die Insekten? Wessen Flügel sind lang? kurz?
Wessen Schnäbel sind lang? kurz? Wessen Füsse
sind stark? schwach? Wer hat Hände? Wer hat
keine Hände? Wessen Hände sind stark? schwach?
Welche Tiere legen Eier? Wessen Eier sind gross?
klein? Wer isst die Eier?

Aufgabe. Die Vögel haben — Schnabel, zwei
— und zwei —. Sie fliegen mit —; sie bringen
in — ihren Jungen das Futter. Viele Vögel
schwimmen mit —. Der Schnabel vieler — ist
lang, wie der der —; die Schnäbel vieler — sind
kurz, wie die der —. Die Vögel bauen ihre —
im Frühling; sie legen —. Die Eier — sind klein.
die der — sind gross. Die Menschen essen die
Eier der — und —. Die Vögel lieben ihre —; sie
füttern —.

18. Achtzehn.

Die Schwalbe fliegt, die Ente schwimmt, der Hund springt, der Mensch **geht**. Die Mutter geht oft in den Garten; sie arbeitet in dem Garten. Die Ente geht in das Wasser; sie schwimmt gerne in dem Wasser. Die Kinder gehen auf die Strasse; sie spielen im Sommer auf der Strasse. Die Störche fliegen auf das Dach; sie sind auf dem Dache. Die Schwalben bauen ihre Nester unter das Dach des Bauernhauses; ihr Nest ist unter dem Dache. Die Bienen fliegen hinter das Haus; sie sind hinter dem Hause. Die Vögel legen die Eier in das Nest; vier Eier **liegen** in dem Neste. Die Grossmutter geht vor das Haus; sie sitzt vor dem Hause. Der Vater der Kinder ist auf dem Felde. Der Bauer geht **täglich** auf das Feld. Die Mutter dieser Kinder arbeitet in dem Garten. Sie geht im Frühling oft in den Garten. Auch wir gehen oft in den Garten. Wir Kinder gehen auch oft auf die Strasse. Meine Brüder und Schwestern spielen gern auf der Strasse.

Eine Schwalbe fliegt. **Woher** fliegt sie? Sie fliegt **aus** dem Neste. Woher **kommen** die Enten und die Entchen? Sie kommen aus dem Bache. **Wohin** gehen sie? Sie gehen vor den Garten. Woher kommt der Müller? Er kommt aus dem **Dorfe**. Das Dorf ist hinter dem Bauernhause. Die Dörfer sind oft nicht gross. Auf den Kirschbäumen sind viele Blüten. Die Sperlinge fliegen auf die Kirschbäume. In den Wäldern sind Tannen. Gehst du oft in die Wälder? Was **thust** du im Walde? **Suchst** du Blumen im Walde? In dem Bache ist Wasser. Die Enten und Entchen gehen in das (= ins) Wasser. Was thun sie im Wasser?

Fragen. Wohin bauen die Schwalben ihre Nester? Wo sitzt eine Schwalbe des Bildes? Wohin bauen die Störche ihre Nester? Wohin gehen die Bauern im Frühling? Wo arbeiten sie? Wohin geht die Mutter? Wo arbeitet der Grossvater? Wo steht ein Storch? Wohin fliegen die Bienen? Hinter wem ist der Bauer auf dem Felde? Wohin geht der Müller? Wo ist er? Wo wohnt er? Woher kommt die Ente mit den Entchen? Wohin geht die Magd? der Grossvater? die Kinder? die Grossmutter? die Mutter? der Vater? die Enten? der Hund? die Entchen?

Wer arbeitet in der Küche? sitzt vor der Thüre? arbeitet auf dem Felde? schwimmt im Wasser? Wohin fliegen die Störche? die Schwalben? die Insekten? Wo sitzt der Vogel? Woher trägt die Magd die Suppe und das Fleisch? Wohin legt der Vogel die Eier? Wer kommt aus dem Wasser? Wer ist im Wasser?

Was ist in dem Dorfe? Sind die Dörfer gross oder klein? Wer geht täglich in die Küche? Wer geht im Frühling täglich in den Wald oder auf das Feld? Wo suchen die Vögel das Futter für ihre Jungen? Was thut der Hund? der Vater? Karl? der Vogel? die Ente? das Insekt? die Tante? das Pferd? der Storch? Wo sucht ihr die Blumen? die Apfel? Wer sucht Futter?

Aufgabe. Der Bauer geht auf —; er ist auf —. Die Ente geht —; sie ist —. Der Grossvater ist —; er geht —. Der Vogel ist auf —; er fliegt auf —. Karl ist vor —; er geht vor —. Der Müller geht in —; er ist in —. Der Vogel ist in —; er legt seine Eier in —. Der Hund springt vor —; er ist vor —. Die Bienen sind hinter —; sie fliegen

hinter — Die Pferde sind auf —; sie ziehen die
Egge. Wohin ziehen sie die Egge? Wo ziehen sie
die Egge? Die Grossmutter sitzt vor —. Wo
liegen die Äpfel? Wohin legen sie die Äpfel? Der
Müller kommt aus —, die Bäuerin —, der Vogel
—, die Ente —, die Grossmutter —, Tante Emilie
—, das Junge des Vogels —.

19. Neunzehn.

Wo seht ihr den Bauer? Wir sehen *ihn* auf
dem Felde. Seht ihr die Mutter der Kinder auch
auf dem Felde? Nein, wir sehen *sie* in dem Garten.
Liebt ihr das Grün der Wiesen und Wälder? Ja,
wir lieben *es*. Wo seht ihr die Störche? Wir sehen
sie auf dem Dache des Hauses. Welche Tiere ziehen
die Egge? Die Pferde ziehen sie. Wo sehen wir
die Entchen? Wir sehen sie im Wasser und vor
dem Garten.

Es ist Frühling auf unserem Bilde. Der Kirschbaum blüht. Die Schwalben und **Stare** fliegen umher; sie bauen ihre Nester und legen ihre Eier.
Die Bienen fliegen auf die Wiesen und **um** die
Bäume **herum**. Die Enten und Entchen schwimmen
in dem Wasser des Dorfbaches umher. Auf den
Wiesen ist kein Schnee mehr; sie sind grün. Der
Schnee **schmilzt** auf den Bergen. Die Bäuerin arbeitet im Garten. Die Kinder des Dorfes sind nicht
mehr in den Häusern. Anna füttert ihre Hühner
auf der Strasse. Paul spielt mit seinem Lamme
vor der Thüre Die andern Kinder spielen und
singen vor dem Hause. Alle sind glücklich. Der
Bauer eggt sein Feld. Der Müller geht auf der
Strasse und singt. Auch er ist glücklich. Wir lieben
den Frühling. Die Blüten des Kirschbaumes glei-

chen einem grossen, schönen Strausse. Emilie bringt
den Strauss der alten Frau, ihrer Mutter. Die alte
Frau ist die Grossmutter des kleinen Pauls. Hans
Braun ist der Onkel der glücklichen Kinder.

Fragen. Wann schmilzt der Schnee? Wohin
gehen wir im Frühling? Wer springt um die Kinder
herum? Was ist um das Dorf herum? Wen seht
ihr um Anna herum? Wer kocht das Mittagessen?
Welche Tiere legen Eier? Wo kocht die Magd die
Suppe? Wohin legen die Vögel die Eier? Wer isst
das Brot? Wer isst die Äpfel und Birnen? Wer
trägt den Hut? Wer füttert die Hühner? Wer
eggt das Feld? Wer baut die Nester? Lieben die
Kinder die Eltern? Wo füttert Anna die Hühner?
Wem bringt Emilie den Strauss? Wohin bauen die
Schwalben ihr Nest?

Aufgabe. Wo seht ihr das Dorf? den Sperling?
die Magd? die Weide? das Brot? die Birnbäume?
die Mühle? die Familie? die Kinder? den Bauer?
die Strasse? das Lamm? die Nester? den Storch?
das Dach? den Schnee? die Blüte? den Garten? die
Hühner? die Grossmutter? die Schwalben?

Wohin springt der Hund? Wohin fliegt der
Vogel? Wohin bauen die Vögel die Nester? Wohin
ziehen die Pferde die Egge? Wohin trägt Tante
Emilie den Strauss? Wohin gehen die Enten?

Was ist um das Haus herum? um Anna herum?
um die Blüten des Kirschbaumes herum? um die
Kirche herum? um das Dorf herum? Um wen herum
springt der Hund?

20. Zwanzig.

Pauls Grossmutter ist alt; sie ist nicht mehr jung, wie Paul und seine Brüder und Schwestern. Paul liebt die alte Frau, seine Grossmutter. Karls Hund ist braun; dieser braune Hund springt um die Kinder herum. Das kleine Schwalbennest ist unter dem Dache des Bauernhauses, das grosse Storchennest ist auf dem Dache. Wo siehst du den grossen Storch und die kleine Schwalbe? Wo seht ihr die grünen Wiesen und den weissen Schnee, die gelben Entchen und die weisse Ente? Wo seht ihr den Storch? Welches ist die Farbe seines Kopfes, seiner Flügel und seines Fusses? Seht ihr die Thüre der Mühle? das Nest des Stares?

Fragen. Wo ist der braune Hund? der kleine Paul? die grünen Wiesen? der weisse Schnee? die fleissige Anna? der gute Grossvater? der glückliche Vater? der schwarze Star? Wer ist der alte Mann im Garten? die jungen Mädchen vor dem Garten? der kleine Knabe vor der Thüre des Hauses?

Wie heissen die grossen Vögel auf dem Dache? der schwarze Vogel auf dem Kirschbaume? Wer liebt die braven Kinder? den treuen Hund? die weissen Blüten des Kirschbaumes? Welche Wiesen liebt man? welche Sträusse? welche Tiere? welche Kinder? Welche Blumen suchen die Kinder auf den Wiesen? Wann seht ihr die weissen Blüten des Kirschbaumes? Welche Tiere ziehen die Egge?

Aufgabe. Was thut der Bauer im Frühling? die Bäuerin? die Vögel? der Schnee? die Bäume? die Bienen? die Kinder? Wohin geht der Bauer? die Bäuerin? die Kinder? die Bienen? die Enten? Was sehen wir gerne im Frühling? Was suchen

die Kinder? Wo suchen sie diese? Welche Vögel
haben einen langen Schnabel? einen kurzen Schnabel?
Welcher Baum hat weisse Blüten? Welcher Vogel
hat ein kleines Nest? ein grosses Nest? Welcher
Knabe hat ein weisses Lamm? einen braunen
Hund?

Plural der Substantive in den Nummern 11—20.

(Vergl. S. 12--13.)

I.

Plural:

a) der Enkel   Enkel
der Müller   Müller
der Flügel   Flügel } unverändert
der Körper   Körper
das Fenster   Fenster
das Mittagessen   Mittagessen

b) der Apfel   Äpfel } mit Umlaut
der Schnabel   Schnäbel

II.

der Teil   Teile
der Strauss   Sträusse
der Steg   Stege
der Hut   Hüte
der Kopf   Köpfe
der Bach   Bäche } —e
der Fuss   Füsse
der Star   Stare
das Brot   Brote
der Sperling   Sperlinge
weibl. { die Hand   Hände
      die Magd   Mägde

III.

das Dach   Dächer
das Feld   Felder
das Land   Länder } —er
das Ei   Eier
das Dorf   Dörfer

Plural:

die Tanne	Tannen	
die Thüre	Thüren	
die Blüte	Blüten	
die Farbe	Farben	
die Familie	Familien	
die Egge	Eggen	
die Mühle	Mühlen	
die Birne	Birnen	—(e)n
die Weide	Weiden	
die Jahreszeit	Jahreszeiten	
die Suppe	Suppen	
die Küche	Küchen	
die Enkelin	Enkelinnen	
der Mensch	Menschen	
der Name *)	Namen	

Präpositionen.

Mit Akkusativ: für, um.

Mit Dativ: zu, mit, bei, aus.

Mit Akkusativ und Dativ: in, vor, hinter, auf, unter, zwischen.

Wohin gehst du?	Wo bist du?
Ich gehe	Ich bin
in den Garten,	in dem Hause,
vor die Mühle,	vor der Kirche,
hinter das Haus,	hinter dem Baume,
auf die Wiese,	auf dem Felde,
unter die Tanne,	unter dem Dache.
zwischen zwei Bäume.	zwischen meinen Eltern.

Wiederholung der Wörter in den Nummern 11—20.

1. Was ist der Enkel? die Enkelin? die Tante? das Fenster? das Lamm? das Dach? der Storch? die Thüre? die Mühle? der Müller? der Apfel? die Birne?

---

*) Genetiv: des Namens.

der Kopf? die Weide? Frankreich? der Frühling? die Schweiz? der Schnabel? der Fuss? der Sperling? die Küche? England? der Flügel? der Star? die Hand?

2. Welche Farbe hat der Star? das Ei? der Hut? der Storch? das Lamm? der Schnee? die Blüten des Kirschbaumes?

3. Wer oder was hat Thüren? Flügel? Dächer? Blüten? einen Strauss? Namen? Fenster? Nester? eine Mühle? Früchte? Hände? einen Schnabel? Füsse? einen Kopf?

4. Wer oder was schmilzt? kocht? blüht? zieht? eggt? sitzt? steht? geht?

5. Wer oder was ist offen? schwarz? gelb? braun? rot? kurz? lang? schwarz und weiss?

6. Wer oder was ist in dem Walde? in der Mühle? in der Küche? in dem Dorfe? in dem Wasser? in der Kirche? in der Luft? im Grase? im Neste?

Vor dem Fenster? vor dem Lamme? vor der Mühle? vor der Egge? vor dem Stege? vor der Küche? vor dem Dorfe? vor dem Garten?

Hinter dem Hügel? hinter dem Felde? hinter der Grossmutter? hinter dem Garten? hinter der Egge? hinter den Pferden? hinter dem Dorfe?

Auf der Wiese? auf der Kirche? auf dem Berge? auf dem Kirschbaume? auf dem Hause? auf dem Dache? auf dem Neste? auf dem Bilde? auf dem Stege? auf dem Kopfe? ·

Unter dem Hute? unter dem Dache? unter dem Stege?

Bei der Grossmutter vor dem Hause? bei der Mutter im Garten?

Zwischen dem Felde und dem Walde? zwischen dem Felde und der Wiese? zwischen dem Walde und dem Berge? zwischen der Mühle und dem Bauernhause?

Wer kommt aus dem Bache? aus dem Dorfe?
aus der Mühle? aus dem Neste? aus der Kirche?
aus dem Walde?

7. Wo ist oder sind der Vater? die Mutter?
eine Ente? mehrere Enten? vier Schwalben? die
Bienen? der Hund? die Wiese? die Kirche? der
Hügel? der Berg? der Wald? der Kirschbaum? das
Gras? die Bauern? die Grossmutter der Kinder?
Karls Schwester Anna? Pauls Bruder Heinrich? der
Onkel der Kinder? Luisens Tante? die Neffen des
Müllers? die Eltern der sieben Kinder? die Pferde
des Bauers? Tannen? Schnee? Blüten? Pauls Lamm?
zwei Störche? das Nest der Schwalben? das Nest
der Störche? der Hut? die Weide? der Sperling?
der Star?

Wo seht ihr die weisse Ente? den braunen
Hund? den fleissigen Bauer? die weissen Blüten?
das grüne Gras? die fleissigen Bienen? die kleine
Julie? das grosse Storchennest? das kleine Schwalbennest? die starken Pferde? den schönen Strauss? die
fleissige Magd? den schwarzen Star? die kleinen
Sperlinge? den gelben Hut? die roten Dächer? die
weissen Blüten? das weisse Lamm?

8. Welches sind Teile des Hauses? des Dorfes?
der Mühle? des Menschen? des Vogels? des Mittag-
essens? Welches ist die Farbe des Stares? des Eis?
des Hutes? des Storches? des Lammes? der Blüten
des Kirschbaumes? Was hat Emilie in der Hand?
Anna? Heinrich?

Wer fliegt in der Luft herum? schwimmt im
Wasser herum? geht in den Feldern herum? geht
im Hause herum? Was bringt Emilie der Gross-
mutter? die alten Vögel ihren Jungen? Wen füttert
Emilie? der Bauer? Was kocht die Magd? wo?
Welche Tiere legen Eier? Wen oder was trägt

Frühling.

Emilie? Wen oder was sehen wir im Garten? (Substantiv mit Adjectiv) auf dem Baume? im Wasser?
auf den Bergen? auf dem Stege? vor dem Hause?

21. Einundzwanzig.

Der Frühling ist die erste Jahreszeit. Der
Sommer ist die **zweite** Jahreszeit. Der Bauer geht
im Sommer auf das Feld. Auf dem Sommerbilde
ist auch ein Feld. Aber es ist nicht wie das Feld
des Frühlingsbildes. Auf jenem sehen wir eine
Pflanze. Das ist **Korn.** Das Feld ist also ein Kornfeld. Das Korn dieses Feldes ist gelb. Es ist aber
nicht immer gelb. Das junge Korn ist grün, das
gelbe Korn ist **reif.**

. Die Bauern **mähen** das gelbe Korn; sie mähen
es mit **Sensen.** Auf diesem Felde mähen drei Männer
das Korn; wir heissen sie **Schnitter.** Die Frauen
auf dem Felde heissen **Schnitterinnen.** Sie **binden**
das Korn; sie binden es zu **Garben.** Die ro*ten* Blumen
im Korne heissen **Mohnblumen** oder Mohn, die **blauen**
Blumen heissen **Kornblumen.** Zwei Vögel fliegen aus
dem Korne; es sind **Rebhühner.**

Bei dem Kornfelde ist ein **Fluss.** Zwei Knaben
sind im Wasser des Flusses; sie **baden.** Die Pferde
gehen **an** das Ufer. Ein Knabe sitzt am (an dem)
Ufer. Der Fluss hat zwei Ufer. Der Knabe **plätschert**
mit den Füssen im Wasser. Ein Knabe sitzt im
Grase. Er hat einen **Stiefel** in der Hand. Der
Knabe hat zwei Stiefel; der **andere** ist im Grase.
Der Knabe **zieht** die Stiefel *an.* Ein Kind ist unter
dem **Strauche.** Seine **Augen** sind nicht offen; sie
sind **geschlossen;** das Kind **schläft.** Die Farbe des
Kornes ist gelb, die des Stiefels ist schwarz. Die
Hüte des Schnitters und der Schnitterin sind gelb.

Fragen. Was ist der Sommer? der Schnitter? das Rebhuhn? das Korn? die Schnitterin? der Strauss? Wer mäht? badet? schläft? bindet? Wo sind die Schnitter? das kleine Kind? zwei Knaben? der Fluss? Wie viele Schnitter sind auf dem Felde? wie viele Schnitterinnen? Wie viele Knaben sind auf dem Bilde? Wer hat Sensen? Stiefel? Hüte?

Was ist reif? Welche Früchte sind im Sommer reif? Wer isst gern die reifen Birnen? Wie ist das reife Korn? Welches Korn ist noch nicht reif? In welcher Jahreszeit ist das Korn reif? Was hat der Schnitter in der Hand? Wie viele Sensen hat ein Schnitter? Was thut er mit der Sense? Was mäht der Bauer auch?

Was ist im Flusse? Was thun die Knaben im Flusse? Wie viele sind in dem Flusse? Schwimmen die zwei Knaben im Wasser? In welcher Jahreszeit baden wir? Baden wir auch im Frühling? Wie viele Ufer hat ein Fluss? Was hat auch zwei Ufer? Was thut der Knabe mit dem Stiefel?

Wie heissen die blauen Blumen im Korne? wie heissen die roten? Wann ist das Korn grün? Wer hat blaue Augen? Wer hat braune Augen? Wem gehört das Kind unter dem Strauche? Schlafen wir auch auf dem Felde wie das Kind des Schnitters und der Schnitterin? Blühen die Sträucher? Wer bindet das Korn? **Wozu** (= zu was) binden die Schnitterinnen das Korn? Ist die Gartenthüre des Frühlingsbildes offen oder geschlossen? die Hausthüre?

Aufgabe. *Artikel.* Feld, Ente, Müller, Familie, Apfelbaum, Hut, Birne, Steg, Futter, Hand, *Kopf*, Frucht, Frühling, Weide, Brot, Jahreszeit, Schnabel, Ei, Fuss, Suppe, Flügel, Fleisch, Mensch, Magd,

Gemüse, Küche, Sperling, Mittagessen. Körper, Dorf,
Star, Sommer. Sense. Auge, Schnitter. Korn, Garbe,
Ufer, Mohn, Fluss, Schnitterin, Stiefel, Rebhuhn,
Strauss.

22. Zweiundzwanzig.

Die Schnitter und Schnitterinnen arbeiten
fleissig: sie sind **hungrig** und **durstig**. Ein Knabe
bringt den Schnittern und Schnitterinnen zu essen
und zu trinken: Brot und **Most**. Man **macht** den
Most *aus* Äpfeln und Birnen. Der kleine Knabe
trägt den Most in einem **Kruge** und das Brot in
einem **Korbe**. Zwei Krüge und zwei Körbe sind auf dem
Sommerbilde. Der Knabe geht **von** einem Schnitter
zum (= zu dem) andern. Die Schnitter haben den
Most gern: sie **trinken** aus dem Kruge. Sie **nehmen**
ein **Stück** Brot aus dem Korbe und danken dem
Knaben. Der Knabe *nimmt* auch ein Stück.

Auf dem Kornfelde ist ein **Wagen**. Zwei Pferde
ziehen ihn. Ein Wagen ist auf der Strasse. Die
Wagen haben vier **Räder**. Wir sehen nur drei Räder
des Wagens auf der Strasse; das andere Rad sehen
wir nicht. Die Schnitter **laden** die Garben auf die
Wagen. Die Pferde ziehen die Wagen mit den
Garben in das Dorf, in die **Scheune** des Bauers.

Zwei Schnitter und eine Schnitterin tragen
Strohhüte. Man macht die Strohhüte aus Stroh.
Das Stroh ist ein Teil des Korns. Die **Ähre** ist
die Frucht des Korns. Ein Schnitter trägt keinen
Hut auf dem Kopfe; er hat eine **Mütze**. Diese ist
blau. Der Hungrige isst; der Durstige trinkt. Man
liebt die Guten und die Fleissigen. Der Star singt
schön. Die Ente schwimmt gut.

Fragen. Was isst der Hungrige? Was trinkt
der Durstige? **Woraus** (aus was) macht man den

Most? Wer trinkt Most? Was trinken wir auch?
Was trägt man in einem Korbe? Welche Tiere
ziehen den Wagen? Wie viele Räder haben die
Wagen auf dem Kornfelde und auf der Strasse?
Sehen wir alle Räder? Wie viele sehen wir?. **Wo-
von** (= von was) ist das Rad ein Teil? Wovon
ist die Thüre ein Teil? die Blüte? die Ähre? das
Bauernhaus? das Stroh?

Was macht man aus Stroh? aus Blumen? aus
Äpfeln und Birnen? Wo sind Garben? Wohin laden
die Schnitter die Garben? Wie heisst die Frucht
des Korns? Wohin bringen die Schnitter das Korn?
Ist das Stroh grün? Wer geht von Schnitter zu
Schnitter? Welches Tier fliegt von Blume zu Blume?

Was ist das Stroh? die Scheune? die Ähre?
Welche Farbe hat der Strohhut? die Mütze eines
Schnitters? das reife Korn? das junge Korn? die
Kornblume? der Mohn? Wie viele Hüte tragen die
Schnitter? **Worauf** (= auf was) laden die Schnitter
das Korn? Woraus trinken die Schnitter den Most?
Woraus nehmen sie das Brot?

Aufgabe. *Bilde aus folgenden Wörtern vollständige
Sätze.* Korn — Pflanze. Grün. Sommer — gelb.
Gelb — reif. Bauer mähen —. Diese Bauern sind
—. Mähen — Sense. Binden — Garben und
laden — Wagen. Pferde — Wagen — Scheune.
Schnitter — stark — Mann. Sense — Hand. Zwei
Schnitter — Strohhüte; ein — Mütze; — blau. Die
Schnitter arbeiten; — durstig; Sohn — Bauer —
bringen — Schnitter — Most. Dieser — Krug.
Trinken. Sehen — Wagen. Einer — Strasse. Pferde
— Dorf, — Scheune. Sehen — Räder. Ein Wagen
— Feld. Zwei — sind vor —.

23.

Zwei Schnitter tragen **Schürzen**. Die Schürze ist ein **Kleidungs**stück. Der Sommer ist die **warme** Jahreszeit. Wir lieben die **Wärme** des Sommers. Die Knaben gehen ans (an das) Ufer des Baches. Sie **ziehen** ihre **Kleider aus** und *legen* sie auf das Ufer: Stiefel oder **Schuhe, Strümpfe, Hosen** und **Hemd.** Sie gehen **dann** ins Wasser. Dieses ist **frisch.** Die Knaben lieben das frische Wasser. Sie plätschern, schwimmen und **tauchen.** Wir sehen auf unserem Bilde zwei Knaben im Wasser. Der eine schwimmt, der andere steht. Ihre Kleider liegen auf dem Ufer. Die Knaben sind glücklich beim (bei dem) *Baden.* Zwei Knaben sitzen auf dem Ufer. Der eine zieht seine Stiefel an. Die Strümpfe dieses Knaben sind blau wie die Mütze eines Schnitters. Viele Bauernkinder tragen im Sommer keine Schuhe und Strümpfe.

Hinter dem Flusse ist eine grosse Wiese. Man heisst sie **Weide.** Viele Tiere sind auf dieser Weide. Wir sehen drei Pferde. Eines ist sehr jung. Es ist ein **Füllen.** Dieses ist **munter.** Die andern Tiere sind **Ochsen** und **Kühe.** Der Ochse ist gross und stark. Die Kuh ist nützlich; sie giebt **Milch.** Die Kühe und Ochsen sind Haustiere.

Fragen. Wie viele Knaben sind im Wasser? wie viele auf dem Ufer? Wie viele schwimmen? Wie viele stehen? Gehen sie auch unter das Wasser? Was thun sie also? Welches Tier taucht auch? Was zieht ein Knabe an? Was ziehen die Knaben vor dem Baden aus? Wohin legen sie sie?

Welche Jahreszeit kommt vor dem Sommer? Ist das junge Korn oder das reife Korn grün? Wer liebt das frische Wasser? den frischen Most? In welcher Jahreszeit tragen viele Kinder keine Schuhe?

Welches Tier heissen wir ein Füllen? Welche Tiere sind Haustiere? Hausvögel? Was ziehen die Ochsen oft? Was giebt die Kuh? Welche Farbe hat die Milch? Wer trinkt Milch? Was ist die Weide? Wer geht ins Wasser?

Welche Farbe haben die Schuhe? die Strümpfe eines Knaben? die Schürzen der Schnitter? ihre Hosen? die Hemden der zwei Schnitterinnen? Welche Tiere ziehen den Wagen? Sind die Augen beim Schlafen offen oder geschlossen? Wo ist die Magd beim Kochen? Sitzen oder stehen wir beim Essen? Was hat der Bauer zum (= zu dem) Eggen? der Schnitter zum Mähen? Was thut das Füllen?

Aufgabe. Knaben — baden — Sommer. Gehen — Fluss. Ausziehen — Kleider; legen — Ufer. Gehen — Wasser. Schwimmen — tauchen unter — wie —. Knaben — glücklich — Baden.

Wer trägt Kleider? Welche Kleidungsstücke trägt der grosse Schnitter mit dem Strohhute? Wie sind seine Kleider? An welchem Teile des Körpers sind Strümpfe und Schuhe? Wer zieht auf dem Sommerbilde die Schuhe und Strümpfe aus? An welchem Teile des Körpers ist der Hut?

24.

Die Kühe, die Ochsen und die Pferde auf der Weide sind eine **Herde**. Die Herde **frisst** das Gras der Weide; sie **weidet**. Ein Knabe **hütet** diese Tiere. Er ist der **Hirte** der Herde. Er sitzt unter einem Baume. Dieser Baum ist gross und alt. Es ist eine **Eiche**. Bei dem Hirten sitzt ein Tier; es ist der Hund des Hirten. Er hütet mit dem Hirten

die Herde. Im Walde sind viele Bäume; der Wald
ist **schattig.** Auf dem **Wege** im Walde ist eine
Frau.

Hinter der Weide ist ein Kornfeld und hinter
dem Kornfelde ein Dorf. Auf der andern **Seite** des
Bildes sind auf zwei Hügeln zwei **Windmühlen.**
Zwischen der Weide und dem Kornfelde ist eine
Strasse.

Auf dieser Strasse geht ein Mann mit seinem
Sohne. Dieser Mann ist kein Bauer; er wohnt nicht
in einem Dorfe; er wohnt in einer **Stadt,** er ist
ein **Städter.** Die Bauern wohnen nicht in einer
Stadt; sie wohnen in einem Dorfe; sie wohnen
auf dem Lande. Der Städter macht mit seinem
Sohne einen **Spaziergang** auf das Land. Er liebt
die frische Landluft, die schattigen Wälder, die
gelben Kornfelder, die munteren Bauernkinder, die
grünen Wiesen, die fleissigen Bauern, die munteren
Vögel der Wälder und Felder, die schönen Blumen
der Wiesen, die starken Eichen, die munteren
Herden, die glücklichen Hirten. Der Sohn des
Städters liebt die schönen Spaziergänge auf das
Land.

Auf dem Kornfelde mähen Schnitter. In dem
Wasser baden Knaben. Unter der Eiche sitzt der
Hirte der Herde. Im Frühling blühen die Bäume;
auch bauen die Vögel ihre Nester; dann legen sie
ihre Eier. Im Frühling machen wir Spaziergänge;
dann **pflücken** wir Blumen. Aus den Blumen binden
wir Sträusse.

Fragen. Wer hat eine Herde? Wer hütet die
Herde? das Haus? den kleinen Paul Braun? Was
ist der Hirte? die Eiche? Wo ist die Herde? der
Städter? Was ist schattig? munter? Wohin geht

der Hirte mit der Herde? Geht er hinter oder vor
der Herde?

Was fressen die Kühe? Welche Tiere fressen
auch Gras? Welche fressen kein Gras? Was fressen
die Vögel? die Insekten? Frisst der Hund auch
Brot? die Hühner? Wohnt ihr in einem Dorfe
oder in einer Stadt? Wohin machen wir Spaziergänge? Mit wem macht ihr Spaziergänge? In welcher
Jahreszeit wohnen viele Städter auf dem Lande?

Aufgabe. Welche Tiere sind Haustiere? Was
zieht das Pferd? Was zieht es in die Scheune des
Bauers? Wen trägt das Pferd? Ist das Pferd schwach?
schön? Ist die Kuh nützlich? Was giebt sie? Wie
ist diese? Wer trinkt die Milch? Was fressen das
Pferd und die Kuh? Isst der Mensch das Fleisch
der Kuh und des Pferdes? Wie ist der Ochse nützlich? Was hütet der Hund? Welche Hausvögel sind
nützlich? wie? Welche Haustiere haben die Städter
nicht?

25.

In der Luft sehen wir **Wolken.** Sie bringen ein
Gewitter. Die schwarzen Wolken sind am (= an
dem) **Himmel.** Also sehen wir die **Sonne** nicht am
Himmel. Die Sonne **scheint** nicht; aber es **regnet.**
Wir *gehen* nicht mehr **spazieren, wenn** es regnet;
wir **bleiben** *zu Hause.* Die Bauern arbeiten nicht
mehr auf dem Felde, wenn es regnet; sie gehen
heim (= **nach** *Hause*). Die **Regentropfen** sind gross; sie
fallen vom Himmel auf die durstige **Erde.** Diese
trinkt gern das frische Wasser. Am Himmel **rollt**
der **Donner,** und **Blitze durchzucken** die Luft. Beim
Regen gehen wir nicht mehr *aus.* *Nach* dem Regen
sind die Bäume und Blumen frischer und schöner
als vor dem Regen.

Julie ist jünger als Anna. Die Kirche ist höher als der Baum. Der Schnabel des Storches ist länger als der Schnabel des Sperlings.

Fragen. Wie ist der Himmel? Wie sind die Wolken? Was rollt? durchzuckt die Wolken? scheint? Was ist in den Wolken? Wohin fallen die Regentropfen? Gehen wir beim Regen spazieren? Was fällt vom Apfelbaume? vom Himmel? vom Birnbaume? Woher fällt der Schnee?

Welche Jahreszeit kommt nach dem Frühling? Wer geht nicht nach Hause? Was ist auf der Erde? Was ist am Himmel?

Wer oder was ist kleiner als Karl? weisser als die Ente? älter als der Vater? nützlicher als die Weide (Baum)? schwächer als der Vater? stärker als die Kinder? länger als die Füsse des Sperlings? jünger als die Grossmutter? höher als die Weide? wärmer als der Frühling? grösser als die Erde? Welches Tier ist treuer als der Hund? stärker als die Kuh? Woher nehmen die Vögel das Futter für ihre Jungen? Geht der Vater beim Regen auf das Land? Wo bleibt er beim Regen?

Grammatisches. „Jünger" ist der *Comparativ* von „jung".

ich esse	fresse	nehme
du issest	frissest	nimmst
er isst	frisst	nimmt
ich gebe	sehe	
du giebst	siehst	
er giebt	sieht	
ich trage	schlafe	falle
du trägst	schläfst	fällst
er trägt	schläft	fällt

26.

Die Farbe des Apfels ist grün oder rot oder
gelb, die des Strohhutes ist gelb, die des Strumpfes
des Knaben ist blau, die des Schuhes ist schwarz,
die des Hemdes ist weiss, die des Himmels ist blau,
die des Mostes ist gelb, die des Füllens und des
Ochsen ist rot, die des Strohes ist gelb. Welches
ist die Farbe des Brotes? des Stares? der Wolke?
der Milch? der Kuh?

Wir lieben die Blumen des Frühlings, die
hübschen Bäche des Dorfes, die Früchte des Landes,
die Blüten des Strauches, die **Schönheit** des Ge-
witters. Wir **bewundern** die **Grösse** der Erde, die
Schönheit der Stadt, das *Blau* des Himmels, die
Güte der Eltern, die **Stärke** des Pferdes, die **Höhe**
der Berge, die Schönheit des Landes.

Die Mägde arbeiten oft in den Küchen, die
Bauern in den Scheunen, die Städter in den Häusern.
Die Gewitter kommen im Sommer. Die Füllen sind
jung. Die Müller wohnen in Mühlen, die Bauern-
familien in Dörfern, die Städter in den Städten.
Man pflanzt die Gemüse im Garten, baut die Mühlen
an die Ufer der Bäche und Flüsse, trägt den Most
in Krügen, das Brot in Körben. Die Hosen sind
Kleidungsstücke. Die Eichen sind Bäume. Die
Köpfe der Kühe sind gross. Wir sehen den Hund
des Hirten am Fusse der Eiche. Wir sehen das
Zucken des Blitzes und **hören** das *Rollen* des Donners.

Bildung des

Genetiv Singular	Dativ Singular

der Wörter in den Nummern 1—26:

männlich und sächlich:

des Waldes, Hundes, Pferdes,	dem Wald(e), Hund(e), Pferd(e),
Bildes, Landes, Hemdes,	Bild(e), Land(e), Hemd(e),

des Hauses, Berges, Grases, Fusses, Flusses, Storches, Dorfes, Kopfes, Strumpfes, Blitzes, Fleisches;

dem Haus(e), Berg(e), Gras(e), Fuss(e), Fluss(e), Storch(e), Dorf(e), Kopf(e), Strumpf(e), Blitz(e), Fleisch(e);

des Sohn(e)s, Huhn(e)s, Korn(e)s, Lamm(e)s, Mann(e)s, Bach(e)s, Baum(e)s, Hut(e)s, Star(e)s, Schuh(e)s, Strauch(e)s;

dem Sohn(e), Huhn(e), Korn(e), Lamm(e), Mann(e), Bach(e), Baum(e), Hut(e), Star(e), Schuh(e), Strau(che);

des Schnees, Karls, Auges;

dem Schnee, Karl, Auge;

des Vaters, Bruders, Müllers, Bauers, Körpers, Städters, Schnitters, Donners, Hügels, Onkels, Enkels, Schnabels, Stiefels, Gartens, Wagens, Entchens, Mädchens, Fräuleins, Frühlings, Sperlings;

dem Vater, Bruder, Müller, Bauer, Körper, Städter, Schnitter, Donner, Hügel, Onkel, Enkel, Schnabel, Stiefel, Garten, Wagen, Entchen, Mädchen, Fräulein, Frühling, Sperling;

des Menschen;

dem Menschen;

des Knaben, Neffen, Hirten, Ochsen;

dem Knaben, Neffen, Hirten, Ochsen;

(des Jungen, Hungrigen, Durstigen, Fleissigen, Guten.)

(dem Jungen, Hungrigen, Durstigen, Fleissigen, Guten);

des Namens;

dem Namen.

. weiblich:

alle unverändert, ausser   alle unverändert, ausser

Eigennamen auf —ie:

Mariens, Juliens, Luisens, Emiliens.

Marien, Julien, Louisen, Emilien.

Bildung des Plurals der Wörter in den Nummern 1—26.

Singular:	*Plural:*
I. *a)* der Hügel	Hügel) unverändert.
der Onkel	Onkel)

4

Singular:	*Plural:*	
der Enkel	Enkel	
der Müller	Müller	
der Flügel	Flügel	
der Körper	Körper	
der Schnitter	Schnitter	
der Stiefel	Stiefel	
der Städter	Städter	
der Regentropfen	Regentropfen	unverändert
das Mädchen	Mädchen	
das Entchen	Entchen	
das Fräulein	Fräulein	
das Fenster	Fenster	
das Mittagessen	Mittagessen	
das Füllen	Füllen	
das Gewitter	Gewitter	
b) der Vater	Väter	
der Vogel	Vögel	
der Bruder	Brüder	
der Garten	Gärten	
der Apfel	Äpfel	mit Umlaut
der Schnabel	Schnäbel	
die Mutter	Mütter	
die Tochter	Töchter	
II. *a)* der Hund	Hunde	
der Berg	Berge	
der Teil	Teile	
der Steg	Stege	
der Star	Stare	
der Schuh	Schuhe	
der Blitz	Blitze	
das Tier	Tiere	—e
das Pferd	Pferde	
das Stück	Stücke	
das Brot	Brote	
das Jahr	Jahre	
der Sperling	Sperlinge	
der Frühling	Frühlinge	
das Papier	Papiere	

Singular:	*Plural:*	
b) der Baum	Bäume	
der Sohn	Söhne	
der Strauss	Sträusse	
der Hut	Hüte	
der Kopf	Köpfe	
der Bach	Bäche	
der Fuss	Füsse	
der Fluss	Flüsse	—e
der Strumpf	Strümpfe	mit Umlaut
der Krug	Krüge	
der Korb	Körbe	
der Spaziergang	Spaziergänge	
die Hand	Hände	
die Magd	Mägde	
die Stadt	Städte	
III. a) das Feld	Felder	
das Kind	Kinder	
das Ei	Eier	—er
das Nest	Nester	
b) der Wald	Wälder	
der Mann	Männer	
das Gras	Gräser	
das Haus	Häuser	
das Dach	Dächer	—er
das Land	Länder	mit Umlaut
das Dorf	Dörfer	
das Huhn	Hühner	
das Rad	Räder	

weiblich:

IV. die Frau	Frauen	
die Jahreszeit	Jahreszeiten	
die Bäuerin	Bäuerinnen	—en
die Schnitterin	Schnitterinnen	
die Enkelin	Enkelinnen	

Singular:		*Plural:*	
die Ente		Enten	
die Schwalbe		Schwalben	
die Wiese		Wiesen	—n
	u. s. w.		

männlich und sächlich:

der Knabe		Knaben	
der Neffe		Neffen	
der Hirte		Hirten	
der Herr		Herren	
der Bauer		Bauern	
der Mensch		Menschen	
der Ochs		Ochsen	(e)n
der Name		Namen	
der Hungrige		Hungrigen	
das Insekt		Insekten	
das Hemd		Hemden	
das Auge		Augen	
das Junge		Jungen	

Aufgaben. *a) Füge das zweite Substantiv in Singular und Plural Genetiv an das erste in Singular und Plural. Beispiel.* Teil — Haus: der Teil des Hauses, die Teile der Häuser.

Kleid — Mädchen, Hut — Schnitter, Bach — Dorf, Haus — Stadt, Kopf — Mensch, Steg — Bach, Farbe — Kleid, Baum — Wald, Schnabel — Ente, Fuss — Füllen. Farbe — Flügel, Korb — Magd, Farbe — Hemd, Hand — Kind, Flügel — Biene.

Schuh — Knabe, Hut — Tante, Rad — Mühle, Auge — Kopf, Fuss — Hund, Auge — Mensch, Ufer — Fluss, Sohn — Bauer, Rad — Wagen. Fuss — Insekt, Ei — Nest, Haus — Dorf, Sense — Schnitter, Nest — Vogel, Kopf — Pferd, Farbe — Ei, Hut — Mann.

Kind — Familie, Schürze — Schnitterin, Frucht
— Land, Mutter — Tochter. Kleid — Städter.
Thüre — Kirche, Name — Neffe, Flügel — Huhn.
Baum — Berg, Blüte — Baum, Blume — Wiese.
Ufer — Fluss, Teil — Hand. Nest — Star, Wiese
— Hügel, Schönheit — Jahreszeit.

Junge — Schwalbe, Körper — Ochse, Blume
— Garten, Fuss — Tier, Strauss — Schwester.
Auge — Bruder, Mütze — Schnitter, Schnabel —
Sperling, Nest — Storch. Blume — Strauss, Farbe
— Auge. Haus — Mensch, Farbe — Strumpf.
Haus — Müller, Mutter — Kind, Schönheit —
Land, Farbe — Schuh, Schönheit — Spaziergang.

*b) Setze den bestimmten und unbestimmten Artikel,
sowie, wenn möglich, Demonstrativ- und Possessiv-Pro-
nomen vor die folgenden Substantive in Singular und
Plural.* Mutter, Mädchen, Teil, Bach, Stadt, Mensch,
Kleid, Wald, Ente, Füllen, Flügel, Vater, Jahr,
Magd, Korb, Hemd, Kind, Biene, Knabe, Dach.
Tante, Mühle, Auge.

Wagen, Ufer, Sohn, Insekt. Nest, Dorf, Sense,
Eiche, Vogel, Pferd, Hund. Kopf, Ei, Mann, Blume.
Fuss, Familie, Schnitter, Land. Tochter, Städter.
Blüte, Schuh, Kirche.

Neffe, Huhn, Schnabel, Berg, Wolke. Baum.
Enkel, Rad, Wiese, Fluss. Name, Thüre, Hand.
Star, Hügel, Kuh, Stiefel. Garbe, Krug, Blitz,
Schwalbe, Ochse, Küche, Fenster.

Garten, Pflanze, Tier. Nichte, Bruder, Schwester.
Schnitter, Stück. Sperling, Gewitter, Storch, Enkel.
Strauss, Auge, Hut, Mensch, Strumpf, Spaziergang,
Müller.

27.

Frischer Schnee liegt auf den hohen Bergen.
Auf den Bergen sehen wir frischen Schnee. Die
Kinder trinken gern weisse Milch. Grünes Gras ist
in den Wiesen und auf den Bergen. Kleine Kinder
spielen vor dem Hause. Auf dem Lande sehen wir
schattige Wälder, muntere Tiere, durstige Schnitter,
fleissige Schnitterinnen, grüne Wiesen, grosse Eichen,
starke Bauern und Bäuerinnen und reife Früchte
in den Feldern. Die Schnitter tragen gelbe Strohhüte oder blaue Mützen. Wir trinken frisches Wasser.
Reife Ähren sind auf dem Felde.

Im Sommer arbeiten die Kinder des Landes
mit ihren Eltern. Sie *stehen* **früh** *auf.* Nach dem
Aufstehen **waschen** und **kämmen** sie **sich** und **kleiden**
sich dann an. Sie sagen zu ihren Eltern: Guten
Tag. Dann gehen die Knaben mit ihrem Vater in
den **Stall.** Sie füttern die Haustiere: Kühe, Ochsen
und Pferde. Sie füttern auch die Hühner und
Enten. Dann **frühstückt** die **ganze** Familie. Der
Vater giebt den Kindern grosse Stücke Brot, die
Mutter **schenkt** den braunen **Kaffee** und die weisse
Milch **ein.**

Nach dem **Frühstücke** gehen die Knaben mit
dem Vater. Sie **helfen** beim Eggen des Feldes, sie
arbeiten im Walde, sie hüten die Herde auf der
Wiese, sie machen sich auf dem Kornfelde nützlich, sie suchen die reifen Äpfel und Birnen unter
den Bäumen, legen sie in grosse Körbe und tragen
sie ins Haus.

Beim schönen Wetter arbeiten sie alle Tage
vom frühen **Morgen** bis zum **späten Abend.** Nur am
Sonntage arbeiten sie nicht; dann gehen sie in die
Kirche. An den sechs **Arbeitstagen** der **Woche** sind

sie am Abend **müde** und hungrig und nehmen gerne das **Abendessen.** Nicht lange nach diesem sagen sie ihren Eltern gute **Nacht,** ziehen ihre Kleider aus und gehen dann *zu* **Bette.** Sie schlafen die ganze Nacht gut.

Das Frühstück, das Mittagessen und das Abendessen sind **Mahlzeiten.**

Fragen. Steht ihr am Morgen oder am Abend auf? Wann gehen wir zu Bette? Welche Bauern stehen früh auf? Womit waschen sich die Menschen? Wer *wäscht* den kleinen Paul? Wer wäscht die Kleider der Kinder? Zu wem sagt ihr „guten Tag"? Wovon ist der Stall ein Teil? Was thun die Knaben im Stalle? Wessen Wohnung ist der Stall?

Frühstücken wir am Morgen oder am Abend? Was trinken wir zum Frühstück? Was essen wir zum Kaffee oder zur Milch? Welches Kind des Herrn Braun ist noch ganz jung? Welcher Sohn hilft ihm noch nicht?

Welches Korn ist ganz reif? Wer schenkt Kaffee ein? Wem schenkt man Wasser ein? Milch? Wem helfen die braven Kinder? die Mägde?

Wovon ist der Morgen ein Teil? Was essen wir am Morgen? am Abend? am Mittag? Wie viele Mahlzeiten habt ihr täglich? Wohin geht der Bauer am Morgen? am Abend? Singen die Vögel am Morgen oder am Abend schöner? Wer schläft gut? Wer kocht das Frühstück?

Zu wem sagen wir guten Tag? gute Nacht? Wann sagen wir gute Nacht? wann guten Tag? Wovon ist die Woche ein Teil? Wie viele Tage hat die Woche? wie viele Arbeitstage? Welcher Tag ist kein Arbeitstag?

Grammatisches. *Wie heisst a) der Genetiv Singular von* Tag? Stall? Morgen? Abend? Bett? *b) der Dativ Plural von* Haus, Mensch, Nacht, Mutter, Kind?

28.

Auf unserem Sommerbilde sehen wir einen kleinen Knaben. Er spaziert mit seinem Vater **durch** die Felder. Er ist kein Bauernknabe. Er wohnt in der Stadt. Er heisst **Arnold**. Arnold ist sieben Jahre alt. Er geht **schon** in die **Schule**. Das Schulhaus ist sehr gross. Es hat zwanzig **Zimmer**. In **jedem** Zimmer ist eine **Klasse**. In Arnolds Klasse sind **vierzig** Knaben; diese Knaben sind **Schüler**. Im Schulzimmer sitzen die Schüler in **Bänken**. In jeder Bank sind vier Schüler.

Die Schüler arbeiten in der Schule; sie **lernen**. Sie lernen **lesen, schreiben, rechnen** und singen. Der **Lehrer lehrt** die Schüler. Er sitzt nicht in einer Bank; er steht oder sitzt am **Pulte**. Der Schüler schreibt mit **Feder** und **Tinte** auf weisses Papier, in ein **Heft**. Er schreibt **Buchstaben, Wörter** und **Sätze** in das Heft. Er liest in kleinen **Büchern**. Er singt auch kleine **Lieder**. Arnold geht gern in die Schule, aber er liebt auch die **Ferien**. Er spielt auch gern mit den andern Schülern. Diese sind seine Schul**kameraden**. Er hat viele gute **Freunde**.

Fragen. Wer geht in die Schule? Was ist die Schule? Wo sind Schulen? In welchem Teile der Schule sind die Schüler? Was ist in einem Schulzimmer? Wie viele Thüren hat euer Schulzimmer? wie viele Fenster? wie viele Bänke? Wie viele Schüler sind in einer Bank?

Was thun die Schüler in der Schule? **Worin** (= in was) lesen sie? Wohin schreiben sie? womit!

Was schreiben sie in das Heft? Welcher Schüler dieser Klasse liest gut? Welcher schreibt gut?

Wer lehrt? Was ist der Lehrer? Was lehrt er die Schüler? Sitzt der Lehrer auch in einer Bank wie die Schüler? Was singen die Schüler? Wer singt auch? Welcher Vogel singt schön? Welcher singt nicht schön?

In welcher Zeit gehen die Schüler nicht in die Schule? Welche Schüler haben die Ferien gern? Was thun die Schüler der Stadt in den Ferien? die Schüler, *die* (welche) immer auf dem Lande wohnen? Wie viele Wochen Ferien habt ihr im Jahre?

Wer sitzt am Pulte? Wie viele Pulte sind in einem Schulzimmer? Was legt der Lehrer auf das Pult? Wie viele Klassen hat euere Schule? Wie viele Schüler sind in dieser Klasse?

Grammatisches. *Wie heisst a) der Genetiv Singular von* Zimmer, Schüler, Lehrer, Pult, Heft, Wort, Satz, Buch, Freund? *b) der Genetiv Plural von* Buchstabe, Lied, Klasse, Kamerad, Feder, Bank?

Aufgabe. Ich bin — alt. Gehen — Schule. Unser Schulhaus ist —; es hat — Zimmer. In jedem Zimmer ist —. In unserer Schule sind —. Sitzen — Bank, — Schüler in —. In der Schule lernen wir —. Herr — ist unser —. Gehen gern — Schule. Lieben Ferien. Wir haben Ferien —. Dann gehen viele Schüler —. Ich —.

29.

Arnold geht am **Montag, Dienstag, Mittwoch, Donnerstag, Freitag** und **Sonnabend** *(Samstag)* in die Schule. Am Sonntage geht er nicht in die Schule;

dann geht er in die Kirche. Am Mittwoch und Sonnabend geht er nicht den ganzen Tag in die Schule,
nur am **Vormittag**; am **Nachmittag** *hat* er **frei**. An
freien Nachmittagen geht er beim schönen **Wetter**
oft spazieren: in den Stadt**park**, auf einen Hügel,
in einen Wald, oder er spielt mit seinen Schul-
kameraden. Beim **schlechten** Wetter spielt er mit
seinen **Soldaten** oder *liest* in einem Buche.

In der Schule ist Arnold fleissig; er arbeitet.
Er hört, *was* sein Lehrer sagt, er ist **aufmerksam**;
daher lobt ihn der Lehrer, er ist **zufrieden** mit
Arnold. Aber der Lehrer ist **unzufrieden** mit den
Schülern, die **unaufmerksam** sind; er **tadelt** sie, er
straft sie. Die Hefte und Bücher des fleissigen
Schülers sind **sauber**, wie seine Kleider; sie sind
nicht **unsauber**.

Fragen. Wie heissen die sechs Arbeitstage?
Welches sind die Teile des Tages? Was sehen wir
im Parke? Wer geht im Parke spazieren? Mit
welchen Kindern ist der Vater zufrieden? Wann
ist der Vater unzufrieden mit den Kindern? Tadelt
man den fleissigen Schüler? den aufmerksamen
Hirten? die sauberen Kinder? Wen lobt man?

Wer hört aufmerksam auf das, was die Eltern
sagen? auf das, was der Lehrer sagt? Woraus
macht man das Heft? Wer hat Hefte? Was hat
der Schüler noch? Was thut der Schüler mit den
Heften? Wie sind die Hefte des fleissigen Schülers?

Ist es schönes Wetter, wenn es regnet? Wie
heisst der erste Tag der Woche? der zweite? Habt
ihr in der Schule freie Vormittage? freie Nachmittage? Wer straft? wen? Ist der Zufriedene
glücklich oder **unglücklich?** Essen wir die reifen
oder die **unreifen** Äpfel? Wie sind die unreifen
Äpfel? das unreife Korn?

Aufgabe. *a)* Wir tragen die Schuhe an —.
Wir ziehen die Strümpfe an —. Der Hirte sitzt
an —. Die Knaben gehen an — des Flusses. Das
Schwalbennest ist an —. Die Schwalben bauen
ihre Nester an —. An — Sonntag— gehen wir
oft spazieren. An warm— Frühlingsabend— sitzen
wir oft unter — Bäumen. Tante Emilie hat den
Hut an — Hand. In einer Stadt sind viele Häuser
an — Strasse.

b) Vervollständige folgende Sätze. Beispiel: Man
tadelt den Schüler, —: Man tadelt den Schüler, der
(oder welcher) unsaubere Kleider hat.

Der Hirt hat einen Hund, —. Der Schnitter
mäht das Korn, —. Siehst du das vierte Rad des
Wagens, —? Der Lehrer lobt den Knaben, —.
Die Enten sind Vögel, —. Emilie hat einen Strauss,
—. Sonntag ist der Tag, —. Karl hört auf das,
—. Wir sehen einen Berg, —. Die Pferde, —,
sind sehr stark. Der Mann, —, ist Pauls Onkel.
Die Frau, — ist seine Mutter.

Wiederholung der Wörter in den Nummern 21—29.

1. Was ist der Strauch? das Rebhuhn? die
Schnitterin? das Korn? der Sommer? die Scheune?
das Stroh? die Ähre? die Schürze? das Hemd?
der Ochse? der Hirte? die Kuh? Was ist ein
Kleidungsstück? ein Haustier? eine Blume? eine
Pflanze? Was ist der Lehrer? der Tag? das Frühstück? der Morgen? die Woche? die Schule?

2. Wie ist oder sind das junge Korn? das reife
Korn? der Mohn? die Kornblume? die Mütze des
Schnitters? das Auge des Kindes, welches beim
Strauche liegt? das Stroh? die Eiche? die Hosen
der Schnitter? die Hüte der Schnitterinnen? die

Strümpfe eines Knaben? die Schürzen der Schnitter?
ein Pferd auf der Weide? das Füllen? die Wolken
am Himmel? die Blumen auf dem Hute eines
Schnitters? die Milch? der Kaffee? der Park?

Welcher Schnitter isst Brot? Welcher Mensch
trinkt? In welchen Wald gehen wir im Sommer?
In welchem Wasser baden wir? Welche Kinder
lieben wir? Welches Korn mäht der Bauer? Welche
Jahreszeit ist der Sommer? Welche Schüler liebt
man? Welche Kinder tadelt der Vater?

3. Wer oder was hat eine Schürze? Strümpfe?
eine Sense? Schuhe? Strohhüte? zwei Augen? zwei
Ufer? einen Korb? einen Krug? Räder? eine Mühle?
Ähren? eine Scheune? eine Herde? eine braune
Farbe? eine weisse Farbe? Federn und Bücher? ein
Pult?

4. Wer oder was durchzuckt? scheint? liest?
taucht unter das Wasser? hütet die Herde? weidet
das Gras? frisst die Insekten? trinkt Most? rechnet?
ladet die Garben auf die Wagen? badet im Flusse?
mäht das reife Korn? schläft unter dem Strauche?
bindet das reife Korn zu Garben? plätschert mit
den Füssen im Wasser? frisst Gras? hütet die
Kinder? rollt? fällt vom Himmel? vom Baume?
hütet das Haus? Wer zieht einen Stiefel aus? Was
kommt nach dem Binden der Garben? nach dem
Frühling? Wer kleidet sich an? schreibt? kämmt
sich? singt? wäscht die kleinen Kinder?

5. Wer oder was ist auf dem Kornfelde? im
Korne? am Ufer des Flusses? in dem Kruge? in
dem Wagen? in dem Korbe? in der Scheune? auf
dem Kopfe der Schnitter? unter der Eiche? im
Wasser des Flusses? auf dem Wege zwischen dem
Kornfelde und der Weide? auf der Weide? bei den

Sommer.

Schnittern? hinter den Feldern? vor dem Wagen?
in dem Walde? am Himmel? vor dem Strauche?
in den Wolken? Mit wem geht der Städter spazieren? Zu wem geht der Knabe mit dem Kruge?
Was ist in der Schule? auf dem Pulte des Lehrers?
in dem Hefte? im Parke?

6. Wo ist oder sind der Schnitter? die Sense?
die Herde? der Hirte? die Eiche? der Sohn des
Städters? der Krug? der Stall? ein Wagen? ein
anderer Wagen? die Bank? die Kornblume? das
kleine Kind? das Brot? der Lehrer? der Most?
die Scheune? die Mütze? die Wolken? das Füllen?
die Windmühlen? der Schüler? das Buch? die Kühe?
die Sonne?

Wohin geht der Schnitter? der Städter? der
Hirte? die Knaben? Worauf laden die Schnitter
die Garben? Woraus macht man die Strohhüte?
den Most? die Garben? das Heft? Wovon ist das
Rad ein Teil? die Ähre? die Thüre? die Tanne?
der Knabe? die Kirche? der Kopf? der Frühling?
das Auge? der Schnabel? der Fuss? die Suppe? der
Stall? der Tag? der Vormittag? die Woche? die
Stadt? der Buchstabe? die Nacht? das Wort? das
Zimmer?

Woher kommt der Regen? der Städter? der
Schnee? der Knecht? der Bauer? der Wagen? der
Hirte? zwei Knaben? Worauf fliegt der Vogel? die
Biene? Wann fällt der Schnee? pflücken die Bauern
die Äpfel? bauen die Vögel die Nester? geht der
Bauer auf das Feld? frühstückt man? gehen wir
zu Bette? kleidet man sich an? scheint die Sonne?
zieht man die Kleider aus? weidet die Herde?
suchen wir den schattigen Wald? sind die Augen
geschlossen? baden wir? Worauf schreibt der Schüler?

7. *Gegenteil von* ja, glücklich, alt, gross, weiss.
stark, offen, geben, kurz, kommen, ausziehen, der
Tag, sauber, früh, gut, zufrieden, nein, schwarz.
nehmen, anziehen, unsauber, jung, schwach, lang,
spät, unglücklich, klein, geschlossen, die Nacht.
unzufrieden.

30. Dreissig.

Hier ist ein anderes Bild, das **Herbst**bild. Es
ist ein schönes Bild. Der Herbst ist die **dritte**
Jahreszeit. Auch er ist eine schöne Jahreszeit; **denn**
im Herbste sind viele Früchte reif: Äpfel, Birnen
und **Trauben.** Der Bauer pflückt die Äpfel und
Birnen, er **schneidet** die Trauben. Die Trauben sind
die Früchte der **Weinrebe.** Eine reife Traube ist
eine **süsse** Frucht, die man sehr gern isst. Die
Weinrebe ist im **Weinberge.**

In dem Weinberge auf unserem Bilde sehen
wir Männer und Frauen. Das sind **Winzer** und
Winzerinnen. Mit ihren **Messern** schneiden sie Trauben,
welche sie in Körbe legen. Sie essen eine süsse
Traube nach der andern. Wenn die Körbe **voll**
sind, **schütten** die Winzer sie in **Butten,** die ein
starker Mann an den Fuss des Weinberges trägt.

Auf der Strasse **fährt** ein Wagen, *worauf* eine
Kufe steht. Zwei Pferde ziehen jenen Wagen. Auf
diesem sitzt der **Knecht** des Bauers. Man schüttet
alle Trauben, welche in den Butten sind, in die
Kufe und führt sie nach dem Dorfe. **Dort** ist die
Presse, wo man die Trauben **presst.** Aus der Presse
fliesst der **Wein.** In der Schweiz heisst man den
Wein, der aus der Presse fliesst, **Sauser;** und in
Deutschland heisst man ihn Weinmost. Der Sauser
ist ein sehr süsser Wein.

Ein Winzer, der eine Butte voll Trauben an den Fuss des Weinberges trägt, **schwenkt** seinen Hut und singt; er ist **fröhlich**. Wir lieben einen fröhlichen Winzer und eine fröhliche Winzerin. Wir sehen ein schönes Bild.

Fragen. Was ist die Traube? Welche Farbe haben die reifen Trauben? die unreifen? Wie heissen die Männer, welche Trauben schneiden? die Frauen? Wohin legen sie die Trauben, welche sie **weg**schneiden? Wohin schüttet man die Trauben, wenn die Körbe voll sind? Wo sind Butten? Wie viele Butten seht ihr am Fusse des Weinberges? Was ist grösser, ein Korb oder eine Butte?

Wohin schütten die Winzer die Trauben, welche in den Butten sind? Wo ist die Kufe? Wer sitzt auf dem Wagen? Wohin fährt der Knecht die Trauben? Was macht man aus den Trauben? Wie ist der Wein, wenn er aus der Presse fliesst? Was ist auch süss? Wie heisst man in der Schweiz den Wein, welcher aus der Presse fliesst? Welche Farbe hat der Wein?

Wer hat Knechte? Womit schneiden die Winzer die Trauben? Wodurch (= durch was) fliesst der Bach? Was fliesst auch? Wer ist fröhlich? Wo sind fröhliche Kinder? Welcher Winzer schwenkt seinen Hut? Wie ist er also? Wer trinkt Wein? Welcher Wein heisst Sauser?

Welche Trauben schneidet man? Welche Trauben schüttet man in die Butten? In welche Kufe schütten die Winzer die Trauben, die in der Butte sind? Welcher Schüler hat ein sauberes Heft? Wo seht ihr ein munteres Füllen? einen kleinen Knaben? eine blaue Mütze?

Wo ist ein grosser Storch? gelbes Korn? ein

weisses Lamm? eine weisse Ente? ein grüner Hügel?
ein hübscher Baum? ein brauner Hund? ein fleissiges
Mädchen? ein junger Städter? eine fleissige Schnitterin? ein aufmerksamer Hirte? ein voller Korb?
ein durstiger Schnitter? ein kleines Dorf? ein
schwarzer Star?

Grammatisches. *Wie heisst a) der Genetiv Sin-
gular von* Herbst, Traube, Weinberg, Winzer, Messer,
Knecht, Sauser, Wein? *b) der Dativ Plural von*
Winzerin, Presse, Hut, Bauer, Frucht, Strasse,
Wagen?

31.

Am Fusse des Weinberges sehen wir zwei
Bauernmädchen, ein grosses und ein kleines. Das
grosse Mädchen trägt einen vollen Korb auf dem
Kopfe, das kleine hat **einige** Trauben in der Hand.
Auf dem Kopfe trägt es einen grünen **Kranz. Neben**
der Strasse sitzt eine **Dame** mit ihrem kleinen Sohne.
Der Knabe liebt die süssen Trauben; er isst sie
gern. Die Dame trägt ein blaues Kleid. In der
Hand **hält** sie einen gelben **Sonnenschirm.** Die Bauernmädchen tragen keine Sonnenschirme. Sie tragen
auch keine **Handschuhe** wie die Dame. Die Dame
ist eine **Städterin.**

Der Sohn der Dame trägt *rotbraune* Kleider:
rotbraune Hosen, eine rotbraune **Bluse** und eine
rotbraune Mütze. Am **Halse** hat er einen weissen
Kragen. Einige *reife* Trauben liegen auf einem
weissen **Tuche** vor dem kleinen Knaben.

Der Wagen des Bauers fährt auf einer **breiten**
Strasse. Die Strasse, die durch den Weinberg führt,
ist nicht breit; sie ist **schmal.** Eine schmale Strasse
heisst man Weg. Auf Fusswegen fahren keine

Wagen. Viele Strässchen **führen** durch das Dorf in
die Stadt. Auf der breiten Strasse unseres Herbstbildes geht ein grosser Mann. Mit diesem gehen
sein kleiner Knabe und ein grosser und ein kleiner
Hund.

Warum schneidet der Bauer die Trauben? Er
schneidet sie, **weil** sie reif sind.

Der Wein **wird** aus den Trauben gepresst
man presst den Wein aus den Trauben. Die Trauben
werden von den Winzern in einen Korb gelegt -
Die Winzer legen die Trauben in einen Korb. Der
Most wird aus Äpfeln und Birnen gemacht == der
Bauer macht den Most aus Äpfeln und Birnen.

Im Sommer hat der Bauer das reife Korn
gemäht. Im Frühling hat der Bauer das Feld ge-
eggt. die Vögel haben ihre Nester gebaut und ihre
Eier gelegt. Im Sommer haben wir gebadet.

Präsens des Passivs.

ich *werde* von Herrn X. *gelehrt,*
du *wirst* oft *gelobt,*
Paul *wird* von der Magd *gehütet,*
wir *werden* von unsern Eltern *geliebt,*
ihr *werdet* nicht *getadelt,*
die Enten *werden* von Anna *gefüttert.*

Perfekt des Activs.

ich *habe* meinen Freund *gesucht,*
du *hast* mit Luisen *gespielt,*
das Huhn *hat* ein Ei *gelegt,*
wir *haben* den alten Mann *geführt,*
ihr *habet* viele Blumen *gepflückt,*
sie *haben* ein schönes Haus *gebaut.*

5

Fragen. Womit hält das grosse Bauernmädchen den Korb voll Trauben? Was halten die Schnitter in der Hand? Welche Farbe haben ihre Strümpfe?
die Strümpfe des kleineren Mädchens? Woher kommen die zwei Mädchen? Wohin gehen sie? Was
trägt das kleine Mädchen auf dem Kopfe? Wer
trägt Blumenkränze auf dem Kopfe?

Ist die Dame eine Bäuerin? Woher kommt
sie? Wie ist die Farbe ihres Kleides? ihres Schirmes?
ihrer Handschuhe? In welcher Jahreszeit trägt man
Sonnenschirme? Wer trägt Sonnenschirme? Wer
trägt keine? Was ist auf dem Hute der Dame?
Wer trägt Blusen? Für wen sind die Trauben,
welche auf dem weissen Tuche liegen?

Wohnt die Dame auf dem Lande? Warum ist
sie auf dem Lande? Mit wem hat sie einen Spaziergang auf das Land gemacht? Wo ist der andere
Sohn? Ist der Steg des Frühlingsbildes breit oder
schmal? Wohin führt die Strasse zwischen dem
Stege und dem Garten des Herrn Braun? die Strasse
zwischen dem Kornfelde und der Weide?

Woraus wird der Wein gemacht? der Most?
die Schwalbennester? ein Strauss? die Garbe? die
Kleider? viele Hüte? Wer oder was wird gepresst?
gelobt? getadelt und gestraft? gelehrt? bewundert?
gehört? gehütet? Worin haben die Schüler gelesen?
Wo ist auf dem Herbstbilde eine alte Frau? ein
kleiner Hund? ein grosser Hund? ein grosser Wagen?
ein junger Städter? schöne, reife Äpfel? ein nütz-
liches Tier? Wann wird gefrühstückt?

Was haben die Kühe gefressen? die Schnitter
auf Wagen geladen? der Bauer gemäht? die Kinder
gesucht? die Magd gekocht? das Huhn gelegt?
Tante Emilie der Grossmutter gegeben? Anna gefüttert? Was habt ihr auf dem Hause des Bauers

Braun gesehen? Wo habt ihr gebadet? Woher *ist* die Dame mit dem blauen Kleide gekommen? Wem hat die Grossmutter gedankt? die durstigen Schnitter?

Warum lieben die Kinder den Sauser? die Lehrer die guten Schüler? Warum schwenken die Winzer die Hüte? Warum schneidet der Bauer die Trauben?

Grammatisches. *Wie heisst a) der Genetiv Singular von* Kranz, Dame, Strässchen, Sonnenschirm, Hals, Tuch. Kragen? *b) das Perfektum des Aktivs von* lesen? *c) das Präsens des Passivs von* lehren?

Aufgabe. Die Schule steht oft neben — Kirche. Am Ufer des Flusses sitzt ein Knabe neben eine— ander—. Die Schwalben bauen nicht ein Nest neben —ander —. Karl steht neben sein—. Marie steht neben ihr —. Die Schnitter legen eine Garbe neben — ander—. Am Fusse des Weinberges steht eine Butte neben —. Unser Schulhaus steht neben — Haus — Herrn —. Ein grosses Bauernmädchen geht neben ein— klein— aus dem Weinberge. Das kleine Bauernmädchen geht neben —.

32.

Der Knabe, welcher mit dem grossen Manne geht, trägt zwei Tiere. Es sind zwei **Hasen.** Diese Hasen springen nicht mehr; sie sind **tot.** Der Mann hat sie **geschossen.** Er ist ein **Jäger.** Er schiesst die Hasen und andere Tiere im Walde. Auf den Feldern schiesst er Rebhühner. Er schiesst sie mit dem **Gewehre.** Die Hunde. welche den Jäger **begleiten,** bringen diesem die geschossenen Tiere; sie gehen mit ihm auf die **Jagd,** es sind Jagdhunde. Das Gewehr ist auf dem **Rücken** des Jägers. An seiner Seite **hängt** eine Jagd**tasche.**

Der grosse Hund des Jägers **jagt** die **Gänse fort.** Die Gans ist ein nützlicher Vogel. Sie giebt **uns** Federn für die Betten. Ihr Fleisch wird gegessen. Auch das Fleisch des Hasen ist sehr gut *zu* essen. Die Gans gleicht der Ente, aber sie ist grösser als die Ente; ihre Flügel sind länger als die Flügel der Ente und des Huhns.

Fragen. Ist der Hase ein Haustier? Welche Farbe hat er? Was frisst er? Wie viele Füsse hat er? Sind sie lang oder kurz? Warum springen die Hasen nicht, welche der Sohn des Jägers trägt? Wer hat die Hasen geschossen? Was schiesst der Jäger auch noch? Womit schiesst er die Tiere? *Was für ein* (welcher) Mann ist der Jäger? Trägt er seinen Hut auf dem Kopfe? Hat er einen Strohhut? Was seht ihr auf seinem Hute? Wie sind seine Stiefel? Was trägt der Jäger auf dem Rücken? an der Seite? Wann geht der Jäger auf die Jagd? Welche Hunde begleiten ihn? Hat der Hirte auch Jagdhunde?

An welchem Kleidungsstücke haben die Knaben Taschen? Welches Tier hat einen breiten Rücken? Wen trägt das Pferd oft auf seinem Rücken? Welchem Hausvogel gleicht die Gans? Wie sind die Füsse der Gans? ihr Schnabel? die Farbe ihres Körpers? Welche Teile der Gans sind dem Menschen nützlich? Welcher Teil wird gegessen? Was wird in die Betten gelegt? Was hängt am Apfelbaume? an der Weinrebe? am Himmel? Wer begleitet die Dame mit dem blauen Kleide? den jungen Städter? Was begleitet den Blitz?

Grammatisches. *Wie heisst a) der Genetiv Singular von* Hase, Jäger, Tasche, Rücken, Gewehr, Jagd? *b) der Comparativ von* alt, jung, kurz, lang?

Aufgabe. *Verbinde die nachfolgenden Wörter und mache kleine Aufsätze daraus, indem du sie in beliebiger Weise ergänzest und ausschmückest.*

a) **Der Jäger.** Jäger — Mann. Herbst — Jagd. Wenn Jagd gehen, tragen —. Hund —. Auf — warme Kleider. Gehen, Feld, Wald, Hügel. Suchen —. Wenn sehen, schiessen mit —. Wenn gut schiessen. Hasen und —; Hund suchen und bringen —. Abend Haus gehen.

b) **Der kleine Städter auf dem Lande.** Onkel, in Ferien. Schön, Herbstferien Land. Äpfel, Trauben reif. Sehr schön. Trauben schneiden. Morgen gehen Weinberg. Männer tragen —, Frauen —. Oft essen; denn —. Trauben, welche —, Körbe legen. Wenn voll Butte —. Butte gross, daher mehrere —. Dann Mann Fuss Weinberg. Knecht kommen mit —. Auf Wagen —. Winzer schütten und Knecht Haus. Dort Trauben pressen. Aus Presse —. Sauser —. Lieben Sauser. Winzer fröhlich: schwenken. lieben. Aber wenn Wetter schlecht. nicht schön Weinberg.

Deklination des Adjektives.

Nom.	der	gute Vater	die	gute Mutter	das	gute Kind
Akk.	den	guten Vater	die	gute Mutter	das	gute Kind
Gen.	des	guten Vaters	der	guten Mutter	des	guten Kindes
Dat.	dem	guten Vater	der	guten Mutter	dem	guten Kinde

Nom.	ein	guter Vater	eine	gute Mutter	ein	gutes Kind
Akk.	einen	guten Vater	eine	gute Mutter	ein	gutes Kind
Gen.	eines	guten Vaters	einer	guten Mutter	eines	guten Kindes
Dat.	einem	guten Vater	einer	guten Mutter	einem	guten Kinde

Nom.	die	guten Väter	die	guten Mütter	die	guten Kinder
Akk.	die	guten Väter	die	guten Mütter	die	guten Kinder
Gen.	der	guten Väter	der	guten Mütter	der	guten Kinder
Dat.	den	guten Vätern	den	guten Müttern	den	guten Kindern

Wiederholung der Deklination der Adjektive.

Aufgabe. *Setze an die leeren Stellen die vorausstehenden Ausdrücke in richtiger Form.*

Beispiel. Ein tot— Has—; der —; man isst das Fleisch des —; die —; das Fleisch der —; der Knabe des Jägers trägt die —; Ein toter Hase; der tote Hase; man isst das Fleisch des toten Hasen; die toten Hasen; das Fleisch der toten Hasen; der Knabe des Jägers trägt die toten Hasen.

Der schmal— Steg; sie ist auf —; sie geht auf —; sie kommt von —; wir gehen nicht gern auf ein—; ein —; die —. Ein hübsch— Strauss; wir lieben —; die —; wir lieben —. Der Winzer trägt ein— voll — Butte; der Winzer mit —; was ist in —?

Der fröhlich— Mensch; mit —; ein —. Eine süss— Frucht; aus —; viele —. Der aufmerksam— Schüler; wir lieben —; der Lehrer ist zufrieden mit —; er tadelt — nicht; die —; —. Ein zufrieden— Mann; zwei —; die —; wir kommen von —; —.

Das sauber— Kleid; ein —; die —; —. Das dritt— Bild; wir sehen Gänse auf —. Ein müd— Schnitter; der müd—; bei —; die —; bei —; —. Der ganz— Tag; ein — Tag; den —; an ein—; die —; mehrere —; —. Das frisch— Grün; die Herde weidet in —; sie geht in —.

Das munter — Füllen; hinter —; ein —; die - ; viele —; —. Das frisch— Wasser; die Ente schwimmt in —; das Entchen geht in —. Ein warm— Tag; an ein—; viele —. Der schattig — Wald; ein —; wir gehen in —; wir lieben —; die —; wir gehen in —; wir sind in —.

Der kurz — Schnabel; mit —; ein — : der
Sperling hat —; die —; mit —. Der lang — Fuss;
ein lang— Fuss; mit —; die —; unter —; —;
der Storch hat —. Der braun — Hund; hinter —;
mit —; die Kinder lieben —; ein —: die —;
die Kinder lieben —; —.

Das offen— Fenster; vor —; durch —; die —;
vor —. Der schwarz— Star: des —; siehst du —;
ein —; wir sehen —; die —; —. Das rot— Dach:
auf —; der Star fliegt auf —; die Störche sitzen
—; die —; auf — sehen wir Vögel; —.

Ein stark— Tier: mit ein—; das Pferd ist —;
die Pferde sind —. Die grüne Wiese; auf — sind
schöne Blumen: wir pflücken die Blumen auf —;
aus — machen wir einen Strauss. Der hoh — Berg:
auf — liegt Schnee; mein Onkel geht auf —; die
—: auf — ist viel Schnee. Die schwach— Frau:
bei —.

33.

Wir sind im Herbste. Trauben. Äpfel und
andere Früchte sind reif. Der Herbst ist die Jahreszeit der Früchte. Der Bauer pflückt die Äpfel und
Birnen und schneidet die Trauben. Er macht aus
den Trauben den Wein, aus den Äpfeln und Birnen
den Most. Die Nächte werden länger und frischer.
Viele Vögel gehen in wärmere Länder.

Im Frühling war es nicht **so.** Der Schnee
schmolz auf den Wiesen und in den Feldern, und
das frische, junge Gras und die schönen Blumen
kamen aus der Erde **hervor.** Die Kinder gingen auf
die Wiesen, pflückten die Blumen und machten
daraus Sträusse, die sie der Mutter brachten. Die
Bäume blühten; der Bauer eggte das Feld, und
die Bäuerin **bebaute** den Garten und **pflanzte** Ge-

müse und Blumen. Die Vögel bauten ihre Nester
und legten ihre Eier; das **Weibchen** sass **darauf** und
brütete. Während dieser Zeit arbeitete das **Männchen**
den ganzen Tag; auf den Feldern und Strassen und
um das Haus herum, in den Gärten und Wiesen
und in der Luft suchte es fleissig nach Insekten
und brachte sie dem Weibchen. Es machte den
Kindern ein grosses **Vergnügen,** die Vögel an der
Arbeit zu sehen. Aber auch den Bienen *sahen* wir
gerne *zu*, wie sie von Baum zu Baum, von Blume
zu Blume flogen und dort das suchten, woraus sie
den **Honig bereiteten.** Oft sagten wir zu unsern
Eltern: der Frühling ist die schön*ste* Jahreszeit.

Aber auch im Sommer war es schön. Das
Korn wurde reif, und der Bauer mähte es; die
Schnitter und Schnitterinnen banden es zu Garben,
die Knechte des Bauers luden diese auf grosse
Wagen und fuhren sie in die Scheune des Bauers.
Wenn es sehr warm war, gingen wir Knaben an
das Ufer des Baches; wir zogen unsere Kleider aus,
legten sie auf das Ufer und gingen dann in das
frische Wasser, wo wir fröhlich badeten. Die einen
schwammen im Wasser herum, die andern tauchten
unter das Wasser. Dann zogen wir unsere Kleider
wieder an. Wenn wir die Herde hüteten, sassen
wir oft unter den schattigen Bäumen, und am
Sonntage gingen wir mit unsern Eltern und **Ge-
schwistern** spazieren.

Nun wird **bald** die **vierte** Jahreszeit kommen,
der **Winter.** Bald wird der Schnee vom Himmel
zur Erde fallen, und diese wird ein weisses Kleid
tragen. Die Vögel werden in den **Blättern** der Bäume
und auf den Dächern der Häuser nicht mehr singen,
der Bauer wird nicht mehr auf dem Felde arbeiten,
wir Kinder werden nicht mehr vor dem Garten

spielen, auf der Wiese keine Blumen mehr pflücken
und spazieren gehen; wir werden in den Zimmern
bleiben. Ich werde mit meinem ältesten Bruder
in die Schule gehen. ich werde fleissig lernen, und
dann werden die Eltern zufrieden sein. Der Winter
wird den Kindern Vergnügen bringen. welche sie
in den andern Jahreszeiten nicht hatten.

Imperfektum.

ich *war* jung und *spielte* gut.
du *warst* fleissig und *arbeitetest* gern.
es *war* warm und er *badete*.
wir *waren* glücklich, weil er uns *lobte*.
ihr *waret* im Walde und *suchtet* Blumen.
sie *waren* hungrig und *pflückten* Trauben.

Futurum.

ich *werde* den Donner *hören*.
du *wirst* Hasen *schiessen*.
er *wird* im Flusse *schwimmen*.
wir *werden* unsern Bruder *sehen*.
ihr *werdet* den Wein *pressen*.
sie *werden* die Hüte *schwenken*.

Fragen. Wer brütet? Brütet das Männchen
oder das Weibchen? Wo sitzt der Vogel, wenn er
brütet? Sitzt das Weibchen am Morgen oder am
Abend auf den Eiern? einen Tag oder eine Woche?
Wird es dann nicht hungrig? Wer bringt dem
Weibchen Futter? Wo sucht es dieses Futter?
Wie bringt das Männchen das Futter zu dem Neste?
Wann brüten die Vögel?

Was kommt nach mehreren Wochen aus den
Eiern? Was kommt aus den Eiern der Enten? der
Hühner? Fliegen die Jungen, wenn sie aus dem

Ei gekommen sind? Wo bleiben die Jungen der
Stare und Schwalben? Wer füttert sie? Was bringen
die Alten den Jungen? Welche Jungen gehen, wenn
sie aus dem Neste kommen? Suchen sie dann ihr
Futter? Wer füttert sie?

Wer bereitet den Honig? Wie ist der Honig?
Wie was? Bereiten die Bienen den Honig im Sommer oder im Winter? Warum bereiten sie ihn nicht
im Winter? Wo suchen sie das, woraus sie den
Honig bereiten? Fliegen sie auf die Blumen, wenn
die Sonne scheint oder wenn es regnet? In welcher
Jahreszeit bleiben sie in den Bienenkörben? Wer
füttert sie dann? Was essen sie? Wer isst den
Honig auch? Was essen wir zum Honig?

Wer bereitet das Mittagessen der Familie?
Wer pflanzt Gemüse und Blumen? wo? in welcher
Jahreszeit? Was ist der Winter? Wie viele Jahres-
zeiten hat das Jahr? Welche Jahreszeit ist der
Winter? der Sommer? der Frühling? der Herbst?
Welches ist die Jahreszeit der Gewitter? der Blu-
men? des Schnees? der Früchte? Was fällt im
Winter zur Erde? In welchen Ländern fällt im
Winter kein Schnee? Wo bleibt der Schnee den
ganzen Sommer?

Welcher Mensch liebt die Arbeit? Welche Tiere
sehen wir sehr oft an der Arbeit? Was ist eine
Arbeit für die Schwalbe? für das Pferd? für den
Hund? für die Biene? für den Bauer? die Bäuerin?
den Schnitter? die Knechte des Bauers? die Winzer?
Was ist für den Bauer ein Vergnügen? für die
Kinder des Herrn Braun? für den Städter?

Wem sieht Heinrich Braun zu? die Grossmutter? ein Schnitter? der Knabe am Ufer des
Flusses? Was thut ihr während des Sommers?
während des Winters? Was thun die zwei Schnit-

terinnen des Sommerbildes. während die Schnitter mähen? Was thut das Männchen, während das Weibchen brütet? Was thun wir während der Nacht? Was thun die Schüler während der Schulzeit? der Lehrer?

Wann schmolz der Schnee? Wann banden die Schnitterinnen das Korn zu Garben? Wann schwammen die Knaben im Flusse? Wann luden die Knechte die Garben auf den Wagen? Wann bebaute die Bäuerin den Garten? Wann baute der Vogel sein Nest? Wann blühte der Kirschbaum? Wann gingen die Winzer in den Weinberg? Wann eggte der Bauer das Feld?

Wo spieltest du, **als** du noch jünger warst? Wo badetest du? Wem sahest du oft zu? Was brachtest du deiner Mutter? In welche Klasse gingest du? Wo waret ihr oft, du und deine Schwester? **Woran** (= an was) hattest du Vergnügen? Wer war immer gut mit den Kindern? Wann hatte der Kirschbaum Blüten? Was für Hüte hatten die Schnitter? Waret ihr immer fleissig in der Schule? Wem sahet ihr oft zu?

Wie heisst das jüngste Kind des Herrn Braun? sein grösster Sohn? seine älteste Tochter? Welches ist der schönste Baum auf dem Frühlingsbilde? der höchste Berg in **Europa?** Wie heisst der erste Tag der Woche? der zweite? der dritte? der vierte? der fünfte? der sechste? der siebente?

Was hat Blätter? Wie sind die Blätter im Herbste? im Frühling? In welcher Jahreszeit haben die **meisten** Bäume keine Blätter? In welcher Jahreszeit fallen sie vom Baume **herunter?** Welcher Baum hat keine Blätter? Wie viele Seiten hat ein Blatt dieses Buches? Wie viele Blätter hat dieses Buch?

als, wenn.

als ich mit meinem Freunde spazieren ging, regnete es;
als der Mann das sah, war er unzufrieden;
wenn es regnete, nahmen die Kinder ihre Schirme;
wenn ich heim kam, traf ich oft meinen Onkel;
wenn es regnet, bleibe ich zu Hause;
wenn du nicht dort bist, werde ich in den Park
　　　gehen.

Grammatisches. *Wie heisst a) der Genetiv Sin-*
gular von Weibchen, Männchen, Arbeit, Winter,
Honig? *b) das Imperfekt von* kommen, gehen, bringen,
sitzen, sehen, fliegen, werden, binden, laden, ziehen,
schwimmen, sein, haben?

Aufgaben. *a)* **Die Bienen.**

Die Bienen sind —. Wohnen in —. Es wohnen
sehr viele —. Im Frühling und Sommer, wenn
Wetter schön, bleiben nicht —; fliegen hinaus, auf
—, auf — und in —. Dort — sie in — das,
woraus sie —. An ihren Füssen tragen sie das,
—. So arbeiten sie — Tag; also —, fleissiger als
—. Im Bienenkorbe bereiten —. Dieser ist —,
noch — als —. Die Mutter giebt —. Wir essen
- mit —. Dann sind wir —; denn wir haben
—. Wenn das Wetter — Bienen fliegen nicht —.
Winter bleiben immer —. Dann — sie der Bauer
mit —.

b) **Heinrich Braun sagt, wie das Schwalbennest**
an das Haus kam.

Früher — kein Nest — unser — Haus—.
Im Frühling — an einem schönen Tage — Schule.
Ich gehen — Garten. Mutter und Grossvater —
Garten, Vater — Feld. Anna — Hühner und —, die
ander— Geschwister — vor Haus. Da — eine

Schwalbe unter — Dach; sie — Stroh im —. Nach
kurzer Zeit — andere. welche Erde in —. Das
machen den ganzen Tag. Fleissig bringen kleine
Federn, kleine Teile von — und —. Nach kurzer
Zeit — ich Nest unter —. Bald — Weibchen Eier
in —. Mehrere Tage — auf den Eiern; es — Eier.
Während dieser Zeit — Männchen Weibchen. In
den Eiern — ganz klein —. Das Weisse und das
Gelbe der Eier — ihr —. Sie — immer grösser.
Nach mehreren Tagen — sie aus — heraus. Dann
— auch das Weibchen fort und — für die —.
Diese — immer hungrig. Nach einiger Zeit —
sie aus.

34.

Der eine Sohn der Dame ist bei zwei Bauernknaben. Der eine dieser Bauernknaben, **Robert,**
hat in jeder Hand einen schönen, roten Apfel. Den
einen giebt er dem jungen Städter, den andern führt
er in diesem **Augenblicke** zum **Munde.** Seine Hosen
sind kurz; seine **Weste** ist noch kürzer. **so dass** wir
zwischen den Hosen und der Weste das Hemd sehen.
Der andere Bauernknabe **bückt** sich; er *nimmt* ein
weisses Papier auf. Auf diesem Papier sehen wir
das **Gesicht** eines Menschen: zwei Augen. eine **Nase**
und einen Mund. Der grössere Bauernknabe, welcher
Fritz heisst, hat dieses Gesicht auf das Papier **ge-
zeichnet.** An dieses Papier hat er eine lange **Schnur**
gebunden; ein Teil dieser Schnur ist um einen
kleinen **Stab gewunden,** welchen Robert unter dem
Arme hält. Das Ganze ist ein **Spielzeug,** welches
Drache heisst.

Auf dem Frühlingsbilde sehen wir spielende
Kinder, arbeitende Bauern, schwimmende Enten
und Entchen, auf dem Sommerbilde badende Knaben,

mähende Schnitter, ein schlafendes Kind, plätscherndes Wasser, eine weidende Herde, zuckende Blitze.
Keine Schüler lieben die strafenden *Worte* des
Lehrers.

Grammatisches. „Gespielt‟ ist das *Partizip
der Vergangenheit*, „spielend‟ ist das *Partizip der
Gegenwart*.

Fragen. Ist der Augenblick kurz oder lang?
Was sehen wir oft am Himmel, aber immer nur
einen Augenblick? Hat der Mensch mehr als einen
Mund? Wovon ist der Mund ein Teil? Ist der
Mund offen oder geschlossen, wenn wir essen? Wer
trägt eine Weste? Was ist die Weste? Wie ist die
Weste, welche Fritz trägt? die Weste des Grossvaters? Welche Männer des Herbstbildes tragen
keine Weste? Trägt der Sohn des Jägers eine Weste?
Wie viele Taschen sind an der Weste?

Wer bückt sich? Welche **Person** des Herbstbildes ist auch gebückt? Was nimmt Robert auf?
die Schwestern? Welches sind die Teile des Gesichtes? Wie viele Augen hat der Mensch? Was
ist zwischen den Augen? Welche Schüler euerer
Klasse haben blaue Augen? Wer hat gute Augen?
schwache Augen? Sehen die gut, welche schwache
Augen haben?

Wer zeichnet? Wo lernt man zeichnen? Worauf zeichnen die Schüler? Was ist an eine Schnur
gebunden? Ist diese Schnur lang oder kurz? **Worum**
(um was) ist ein Teil dieser Schnur gewunden?
Wo ist der kleine Stab? Wer hat einen Stab, weil
er schwach ist? Wie viele Arme hat der Mensch?
Wer hat starke Arme? schwache Arme? Wer wird
auf den Armen getragen? Was ist der Drache?
Woraus wird er gemacht? Wer macht ihn?

35.

Emil schreibt seinem Freunde **August** einen **Brief.**

Halde, den 1. **Oktober** 1898.

Lieber Freund!

Mein Onkel Rudolf, der Bauer ist und in dem kleinen Dorfe Halde wohnt, hat uns, meine Schwester **Emma** und **mich,** schon vor vielen Wochen **eingeladen,** unsere Herbstferien in seiner Familie **zuzubringen.** Meine lieben Eltern haben uns **erlaubt,** die **Einladung anzunehmen,** und so sind wir **seit** *vierzehn Tagen* **hier** in Halde. Wir haben **beinahe** immer schönes Wetter; dann sind wir in der frischen Luft, *bald* im Weinberge, *bald* auf dem Felde, *bald* auf der Wiese. **Gestern** hatten wir starken **Wind;** meine **Vettern** Fritz und Robert, welche älter und grösser sind als ich, machten einen Drachen und **warfen** ihn in die Luft. Der Drache **stieg** immer höher und höher, und bei dem starken Winde wurde er bald nach dieser, bald nach jener Seite hingeworfen. Wir Knaben sprangen mit grossem **Geschrei** hinter ihm **her. Plötzlich** hatte Robert nur noch die Schnur, woran der Drache gebunden war, in der Hand; der Drache war frei und **verschwand** bald hinter den **nahen** Hügeln.

Mehrere Tage waren wir in dem Weinberge. Wir schnitten Trauben und assen *nach* **Herzenslust.** Am Nachmittage gingen wir mit dem Onkel in das Dorf und sahen zu, wie der Wein aus den Trauben *gepresst wurde.* O wie süss war der junge Wein! Er wurde in **Fässer** geschüttet, die auf einen Wagen geladen wurden, und ein Knecht unseres

Onkels führte sie in die Stadt, wo der Sauser von
den Städtern getrunken wird. *Morgen* werden wir
die Äpfel pflücken, die beim starken Winde noch
nicht vom Baume gefallen *sind*.

Noch zwei Wochen werde ich auf dem Lande
zubringen. **Heute** Morgen sagten der Onkel und
die Tante zu Emma und zu **mir**: Ladet einen
Freund und eine **Freundin** aus der Stadt ein, zu
euch zu kommen und einige Tage bei uns zuzubringen. Wir waren mehr als glücklich. Und wie
haben wir **ihnen** gedankt, dem guten Onkel und
der guten Tante! Ich schreibe nun **Dir** und lade
Dich freundlich ein, bald — hörst Du, bald — nach
Halde zu kommen. Emma ladet Deine Schwester
ein; *sage* ihr, dass Emma glücklich sein wird, sie
hier zu sehen und mit ihr zu spielen. *Kommt* also
bald! Es werden schöne Tage sein, die wir mit
einander zubringen werden. *Seid* **herzlich willkommen!**

Mit freundlichen **Grüssen**

Dein Dich liebender Freund

Emil.

Halde, den ersten Oktober ein**tausend** acht-
hundert und achtund**neunzig**. Das ist das **Datum.**
„Lieber Freund" ist die **Anrede.** Auf den Brief
schreiben wir eine **Adresse.**

Fragen. Wer schreibt Briefe? Wann schreiben
die Kinder den Eltern Briefe. Was ist in dem
Fasse? Wo ist das Fass? Was sagst du jeden
Morgen zu deinen Eltern? Wer macht ein grosses
Geschrei? Wer hat ein grosses Geschrei nicht gern?

Wo bindet man die Kuh an? Woran bindet
man den Drachen? Wen ladet ihr ein? Was thust

du. wenn dich dein Freund einladet? Wo bringst
du deine Ferien zu? den Tag? die Nacht? Wie
bringt ihr euere Zeit nützlich zu? Wer bringt
einen grossen Teil seiner Zeit in der Schule zu?
auf dem Lande? in der freien Luft?

Wann issest du nach Herzenslust? Wann spielst
du nach Herzenslust? Wann singst du nach Herzenslust? Erlauben dir die Eltern. an den Werktagen
die Sonntagskleider zu tragen? beim Regen spazieren zu gehen? zu ihnen „du" zu sagen?

Wohin wirft der Knabe. der auf dem Apfelbaume sitzt. die Äpfel? der Schnitter die Garben?
Wohin wirft Anna das Futter, das sie den Hühnern
und Enten giebt? Wann steigen wir auf die Berge?
Welcher Wein steigt den Kindern in den Kopf?
Was steigt in die Lüfte? Wann steigt das Wasser
des Baches? In welcher Jahreszeit steigt die Wärme?

Wann verschwindet die Nacht? Wann verschwindet die Sonne am Himmel? Hinter was verschwindet sie? Hinter was verschwindet sie oft
am Tage? Wen haben die Eltern lieb? die Kinder?
der Bauer? Ist es dir lieb, wenn dich deine Eltern
strafen? Was ist dir lieb? Was ist den Eltern lieb?
dem Lehrer?

Wer ist nahe bei Frau Braun? nahe bei der
Mühle? nahe bei der Dame? Mit wem seid ihr
nicht immer freundlich? Wer ist herzlich mit euch?
Zu wem sagt ihr herzlich guten Tag? Was thut
ihr herzlich gern? Zu wem sagt ihr „sei herzlich
willkommen"? Welche Tage sind den Menschen
herzlich willkommen? Was ist dem Hungrigen willkommen? dem Durstigen? Was ist den Schülern
immer willkommen?

Seit wie vielen Jahren geht ihr in die Schule?
Seit wann lernt ihr **deutsch?** Wie viele Wochen

sind es seit den Ferien? Was ist „gestern"? Hatten
wir gestern gutes Wetter? Regnete es oder schien
die Sonne? Ginget ihr spazieren oder bliebet ihr
zu Hause oder ginget ihr in die Schule? Werdet
ihr morgen in die Schule gehen? Welche Personen
unserer Bilder machen mit einander einen Spaziergang aufs Land? Welche Kinder spielen mit einander? Was für Menschen sprechen freundlich mit
einander?

Grammatisches. *Wie heisst a) der Genetiv Singular von* Brief, Geschrei, Fass, Freundin, Gruss,
Datum? *b) das Imperfekt von* werfen, springen, steigen,
verschwinden, schneiden, essen? *c) das Partizip der
Vergangenheit von* erlauben, laden, einladen, trinken,
anbinden, schütten, fallen?

hin und her.

A steht vor der Thüre:

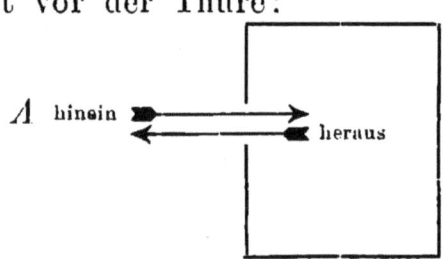

er sagt: ich werde in das Zimmer *hin*eingehen,
und dann werde ich wieder *her*aus kommen.
A ist im Zimmer:

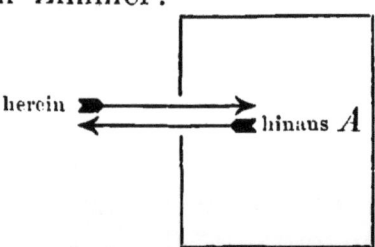

er sagt: ich bin *her*eingekommen,
ich werde wieder *hin*ausgehen.

A steht am Fusse des Berges:

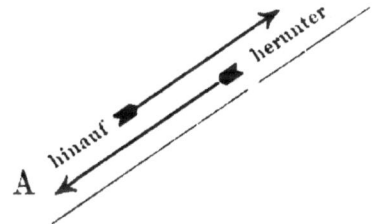

er sagt: ich werde *hin*aufsteigen und wieder *her*-unterkommen.

A steht auf dem Berge: A

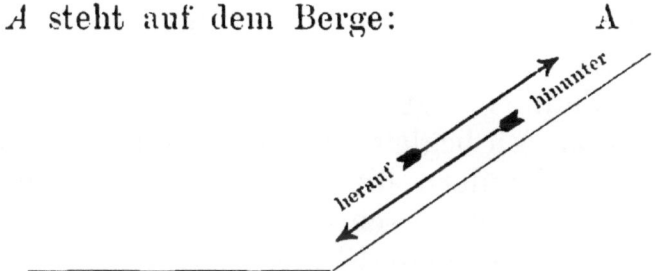

er sagt: ich bin *her*aufgestiegen und werde jetzt *hin*untergehen.

Deklination der Personal-Pronomen.

Nominativ	*Akkusativ*	*Genetiv*	*Dativ*
ich	mich	meiner	mir
du	dich	deiner	dir
er	ihn	seiner	ihm
sie	sie	ihrer	ihr
es	es	seiner	ihm
wir	uns	unser	uns
ihr	euch	euer	euch
sie	sie	ihrer	ihnen

Aufgabe zur Einübung der Personal-Pronomen.

1. *Ersetzet die Substantive durch die Pronomen.* Die Grossmutter sieht den spielenden Kindern zu. Der Sohn gleicht dem Vater. Die Tochter gleicht

der Mutter. Die Schnitter danken dem kleinen
Bauernknaben, weil er den Schnittern den Most
gebracht hat. Die Kinder danken ihrem Onkel,
weil er die Kinder eingeladen hat. Die Knaben
warfen den Drachen in die Höhe. Der Vater sagt
zu seinen Kindern: Ich liebe meine Kinder, ich
gebe meinen Kindern alles, was für meine Kinder
nützlich ist; aber meine Kinder haben das zu thun,
was der Vater den Kindern sagt; meine Kinder
haben sich dem Vater nützlich zu machen; meine
Kinder haben ihre Mutter zu lieben, sich ihrer
Mutter nützlich zu machen. Anna giebt den Hühnern
Futter. Emilie bringt der Grossmutter einen Strauss.
Mein Vater, ich begleite meinen Vater. Der Lehrer
zeigt den Schülern die Personen und Tiere des
Bildes. Die Kinder schreiben ihren Eltern Briefe.
Ich gehe mit meinen Eltern spazieren. Ich habe
dieses Buch von meinem Bruder. Der Sohn des
Jägers steht hinter seinem Vater. Karl sagt zu
seinen Schwestern: Marie, ich halte Marien und
Luisen bei der Hand; ihr haltet Karl bei der Hand.
Marie und Luise sagen zu Karl: Karl hält Marien
und Luisen bei der Hand.

Die spielenden Kinder sagen zu der Grossmutter: Die Grossmutter sieht den spielenden Kindern zu; die Grossmutter liebt die spielenden
Kinder; die spielenden Kinder lieben die Grossmutter; die spielenden Kinder sind der Grossmutter
lieb. Die Grossmutter sagt zu den spielenden Kindern: Die Grossmutter sieht den spielenden Kindern zu; die Grossmutter liebt die spielenden
Kinder; die Grossmutter ist den spielenden Kindern gut; die spielenden Kinder lieben ihre Grossmutter; die spielenden Kinder sind der Grossmutter lieb.

2. *Antwortet unter Anwendung der Personal-Pronomen auf folgende Fragen.* Wer bringt den Schnittern den Most? Karl, wer lehrt dich? Wer giebt dir Kleider? Gehst du oft mit deinem Vater spazieren? Wir, deine Schwestern, fragen dich: Liebst du deine Schwestern? Wohnst du nicht in einem Hause mit deinen Schwestern? Tadelt der Lehrer die fleissigen Schüler? Springt Karl mit Heinrich? Wann straft der Vater die Kinder? Wohin schütten die Winzer die Trauben? Wo seht ihr Frau Braun? Wann **schmelzt** die Sonne den Schnee? Was sagt der Lehrer oft zu seinen Schülern? Woraus presst man den Wein? Wann mäht der Bauer das Korn? Wohin wirft der Bauer die Garbe? Wer trinkt die Milch? Wer kämmt das Kind? Welche Schüler hören auf den Lehrer? Mein liebes Kind, wer giebt dir Kleider? wer lehrt dich? wer liebt dich? wer ist immer gut mit dir? wer ist dir immer nahe? Wer lehrt euch, Schüler? Was lehrt er euch?

36.

Auf unserm Herbstbilde sehen wir einen Knaben, der auf dem Apfelbaume sitzt. Er ist auf den Baum hinauf **geklettert**. Viele Knaben **können** klettern. Die Schwester dieses Knaben *kann* nicht klettern. Sie **sammelt** die schönen Äpfel, die der Knabe *ihr* in die Schürze wirft. Wenn der Bauernknabe nicht klettern *könnte, würde* er eine **Leiter holen**; er würde sie an den **Stamm** des Baumes **lehnen**. Dann würde er hinaufsteigen und die Äpfel pflücken. Man pflückt nur die schönsten Äpfel. Wenn jene Äpfel nicht so schön *wären,* würde der Bauer sie nicht pflücken. • Er würde die **Äste** des Baumes **schütteln**, die Äpfel würden vom Baume auf die

Wiese herunterfallen. die Kinder würden sie sammeln, in Körbe legen und dann die **schweren** Körbe in den **Keller** tragen. Eine alte Frau **gräbt Kartoffeln** aus der Erde. Sie legt sie in einen **Sack**. Nahe bei der Bäuerin sehen wir ein **Feuer**; die Bäuerin hat das Kartoffel**kraut angezündet** und **verbrennt** es.

Würdest du diese Trauben schneiden, wenn sie nicht reif wären? Nein, ich würde sie noch nicht schneiden; ich würde auch keine unreifen Trauben essen. Ihr würdet keine schweren Körbe voll Trauben tragen, wenn ihr schwach wäret. Wenn der Baum keine Blüten *hätte*, würde er keine Früchte tragen.

Fragen. Was ist die Kartoffel? Wann ist sie reif? Wer isst sie? Woher ist die Kartoffel nach Europa gekommen? Wo ist die reife Kartoffel? Was macht der Bauer mit dem Kartoffelkraute? Warum kann man das Kartoffelkraut nicht im Frühling verbrennen? Wovon ist der Keller ein Teil? Was bringt man in den Keller? Wie kommt man auf einen Baum? Wer klettert hinauf? Wer steigt auf der Leiter hinauf? Womit halten sich die Knaben? Woran halten sie sich? Warum steigen die Knaben auf die Apfelbäume? Wie viele Stämme hat ein Baum? Wie heissen die Teile des Baumes, welche vom Stamme ausgehen? Was hängt an den Ästen?

Wer schüttelt den Kopf? wann? Ist der Lehrer zufrieden oder unzufrieden, wenn er den Kopf schüttelt? Woran lehnt der Bauer die Leiter? Woran lehnen sich die Schüler beim Sitzen? Wo sehen wir oft ein Feuer? Erlauben die Eltern den Kindern, mit dem Feuer zu spielen? Ist es erlaubt, ein Haus anzuzünden? Welche Tiere können gut schwimmen

und tauchen? gut springen? sehr gut den Berg
hinaufspringen? Welcher Vogel kann gut singen?
nicht gut fliegen? Kann der Hund klettern? Kann
er schwimmen? Wann legt der Knabe den Arm
um den Baumstamm? Wann gräbt der Bauer die
Kartoffeln?

Grammatisches. *Wie heisst der Genetiv Singular von* Stamm, Ast, Leiter, Keller. Kartoffel,
Kraut, Feuer. Sack.

Imperfekt des Konjunktivs.

ich wäre	ich ginge	ich machte
du wärest	du gingest	du machtest
er wäre	er ginge	er machte
wir wären	wir gingen	wir machten
ihr wäret	ihr ginget	ihr machtet
sie wären	sie gingen	sie machten

Konditionalis:

ich *würde* ihn nicht *suchen,* wenn er im Walde wäre.
du *würdest* sie *loben,* wenn sie fleissig arbeitete.
er *würde* mit mir *gehen,* wenn er nicht müde wäre.
wir *würden* glücklich *sein,* wenn er heim käme.
ihr *würdet* den Vater *sehen,* wenn er das Feld eggte.
sie *würden* Brot *essen,* wenn sie hungrig wären.

1. *Beantwortet folgende Fragen.* Würde die Bäuerin
die Kartoffeln aus der Erde graben, wenn sie nicht
reif wären? Würde der Lehrer die Schüler loben,
wenn sie nicht fleissig wären? Würden die Knaben
im Flusse baden, wenn das Wasser warm wäre?
Wer würde glücklich sein, wenn der Drache flöge?
wenn die Trauben reif wären? wenn die Apfelbäume blühten? wenn die Schwalben ihr Nest
bauten? wenn der Onkel Paul ein Spielzeug brächte?

Würde Fräulein Emilie die Blumen pflücken, wenn
sie sie nicht liebte? Würde die Dame einen offenen
Sonnenschirm in der Hand halten, wenn die Sonne
nicht schiene? Was würden die Hasen thun, wenn
sie nicht tot wären? der Winzer, wenn seine Körbe
voll wären? der Schnitter, wenn er durstig wäre?
der Städter, wenn es regnete? der Bauernknabe,
wenn er nicht klettern könnte? Was würde die
Wolken durchzucken, wenn ein Gewitter am Himmel wäre? Wohin würdest du dich setzen, wenn du
müde wärest? Was würden wir thun oder nicht
thun, wenn wir alt wären? schwach? hungrig?
durstig? müde? munter? zu spät? aufmerksam?
Was würden die Knaben thun oder nicht thun,
wenn sie in den Ferien wären? im Weinberge? im
Flusse? auf dem Baume? im Walde? Was würden
die Vögel thun oder nicht thun, wenn es Frühling
wäre? der Bauer? die Bienen? Wann würden wir
trinken? spazieren gehen? aufs Land gehen? schlafen?
essen?

2. *Vervollständigt folgende Sätze.* Wenn die Vögel
keine Flügel hätten, —. Wenn die Kinder nicht
fröhlich wären, —. Wenn der Grossvater schwach
wäre, —. Wenn wir nicht im Herbste wären, —
Die Schwalben wären nicht nützlich, wenn —. Der
Hund würde nicht das Haus hüten, wenn —. Wenn
wir im Winter wären, —. Wir wären nicht glücklich, wenn —. Wenn der Mensch keine Pferde
hätte, —. Ich würde nicht auf die Berge steigen,
wenn —. Die Kinder würden arbeiten, wenn —.
Wenn das Wetter nicht schön wäre, —. Wenn
wir müde (durstig, hungrig, fröhlich) wären, —

Trennbare Vorsilben.

Aufgabe. *Machet Hauptsätze und Nebensätze.*

Beispiel. Vor dem Baden ausziehen: die Knaben ziehen ihre Kleider vor dem Baden aus; die Kleider, welche die Knaben ausgezogen haben, sind alt.

Früh aufstehen — Kaffee einschenken — aus der Erde hervorkommen — im Wasser umherschwimmen — den Kindern zusehen — seine Zeit nützlich zubringen — Ziegen anbinden — Schuhe ausziehen — Gänse fortjagen — vom Himmel herunterfallen — auf den Baum hinaufkommen — ins Zimmer hineingehen.

37.

Ein **kalter** Wind **weht,** und die Tage werden kürzer. Wenn die Äpfel reif sind und die Blätter von den Bäumen fallen, fliegen viele Vögel in wärmere Länder. Sie **versammeln** sich auf den Dächern der Scheunen und Bauernhäuser, auf Bäumen und Kirch**türmen.** Es sind oft so viele **beisammen,** dass man sie nicht **zählen** kann. Plötzlich fliegen alle *in die Höhe.* Sie **krähen** und **zwitschern** und **schlagen** die Luft mit ihren Flügeln. Bald sieht man sie wie eine Wolke über die Berge fliegen; dann wird die Wolke kleiner, sie verschwindet hinter den hohen Bergen, und wir sehen die munteren **Zug**vögel nicht mehr, **bis** der Frühling wiederkommt. Mit dem Frühling aber werden auch sie wiederkommen, und in Wäldern, auf Wiesen und Bäumen und um unsere Häuser herum werden wir wieder ihre fröhlichen Lieder hören.

Fragen. Wann wehen kalte Winde? warme Winde? Wie ist der Wind, welcher von **Norden**

kommt? von **Süden?** Ist der Wind, welcher von
Osten kommt, mehr kalt oder warm? Bringt er
uns öfter Regen oder *Sonnenschein?* Was schmelzt
der Südwind? Was wird durch dieses Schmelzen
grösser?

Wo versammeln sich die Schüler, wenn die
Lehrer mit ihnen einen Spaziergang machen? Wo
versammeln sich die Vögel, wenn sie in wärmere Länder gehen? Welche Vögel versammeln
sich dort? Wo versammeln sich die Bienen? die
Hausvögel? Zählt die Bänke des Schulzimmers!
die Schüler der Klasse! die Fenster des Schulzimmers! Wo habt ihr zählen gelernt? Welcher
Vogel zwitschert?

Geht die Sonne im Osten oder im **Westen** auf?
Wo verschwindet sie hinter den Bergen? Liegt
Frankreich im Süden oder im Norden, im Osten
oder im Westen unseres Landes? Deutschland?
Fliesst die **Loire** nach Osten oder nach Westen?
der **Po?** die **Donau?** der **Rhein?** Welcher Vogel
ist ein Zugvogel? Bleiben die Zugvögel das ganze
Jahr bei uns? Wohin gehen sie? wann? Warum
bleiben sie im Winter nicht bei uns? Welche Vögel
bleiben das ganze Jahr bei uns? Welche Vögel
singen schöner, die Zugvögel oder die, welche das
ganze Jahr bei uns bleiben? Wann kommen die
Zugvögel wieder in unser Land? Singen die Vögel
mehr bei Regen oder bei Sonnenschein?

Was ist höher, der Turm oder die Kirche?
Wo sind alle Schüler einer Klasse beisammen?
Bis wann bleibt ihr in der Schule? Bis wann schlaft
ihr am Morgen im Bette? Bis wohin habt ihr schon
Spaziergänge gemacht? Werdet ihr in diese Schule
gehen, bis ihr zwanzig Jahre alt seid? Wann werdet

ihr wieder in die Schule gehen? Zu wem sagt ihr oft: Auf **Wiedersehen?**

Grammatisches. Wie heisst *a) der Genetiv Singular von* Blatt, Turm, Norden, Süden, Osten, Westen, Sonnenschein? *b) das Perfekt von* aufgehen, behauen, anziehen, erlauben, wiederkommen?

Aufgabe. *a) Die Bäume in den vier Jahreszeiten. b) Die Zugvögel.*

38.

Die Thüre der Scheune ist **jetzt** offen. Die Garben liegen auf der **Tenne.** Männer und Frauen arbeiten dort. Sie schlagen mit den **Flegeln** auf die Garben; sie **dreschen** das Korn. Sie sind **Drescher** und **Drescherinnen.** Ihre Dreschflegel sind aus **Holz** gemacht; sie sind sehr schwer. Wenn das Korn gedroschen ist, wird es in die Mühle gebracht. Dort **mahlt** es der Müller zu **Mehl.** Aus dem Mehle macht der **Bäcker** Brot.

Die Hausvögel fressen gern die Körner, die vor der Scheune liegen. Sie suchen diese unter dem Stroh, das vor der Scheune liegt. Dort sind mehrere Hühner **(Hennen)** und ein **Hahn.** Die Hähne sind grösser als die Hennen. Wenn die Hennen ein Korn **finden,** so **gackern** sie. Der grosse Vogel auf unserem Bilde ist ein **Truthahn.** Er hat einen grossen **Schwanz** und hat auch eine rote **Kehle;** sie ist rot wie **Blut.** Er ist grösser als die andern Hausvögel.

Fragen. Wo wird das Korn gedroschen? Womit wird es gedroschen? Was sind die Männer, die es dreschen? Wie viele Flegel hat jeder? Worauf schlagen die Drescher mit den Flegeln? Wo liegen die Garben? Wovon ist diese ein Teil?

Wie viele Drescher seht ihr auf der Tenne unseres Bildes? Wie viele Drescherinnen? Was macht man aus den Körnern des Kornes? Wohin schüttet es der Müller? Wem bringt er das Mehl? Was macht dieser daraus?

Was suchen die Hühner unter dem Stroh? Was thut die Henne, wenn sie ein Korn findet? Wann gackert die Henne auch noch? Wann kräht der Hahn? Was finden die Kinder auf den Wiesen? unter dem Apfelbaume? Wer findet Vergnügen am Spielen? am Arbeiten? Welcher Vogel hat einen langen Schwanz? welches Haustier? Von welcher Ente des Frühlingsbildes sieht man nur die Füsse, den Schwanz und den **hinteren** Teil des Körpers? Wer hat eine Kehle? Wovon ist diese ein Teil? In welcher Jahreszeit sind wir jetzt? Wo seid ihr jetzt? Wer mahlt? Wo? Was mahlt er?

Grammatisches. Wie *heisst a) der Genetiv Singular von* Tanne, Flegel, Drescher, Drescherin, Mehl, Korn, Holz, Henne, Bäcker, Kehle, Hahn. Schwanz? und *b) das Imperfekt von* dreschen, bringen, werfen, finden, schlagen?

Aufgabe. Bis wir Brot haben.

Herbst Feld bebauen. Korn Erde. Pflanze. Schnee. Frühling schmelzen. Schönes Wetter. Grösser. Gelb, reif. Mähen, Garben, Scheune. Dreschen. Mühle. Mahlen. Bäcker. Brot.

39.

Arnold **erzählt,** er sei im Herbste bei seinem Onkel in X. gewesen. Dort habe er seine Ferien zugebracht. Er sei jeden Tag an das Ufer des **Sees** gegangen. Dort habe sein Onkel ein Feld gehabt, das er **gepflügt** habe. Sein Onkel habe den **Pflug** mit seiner starken Hand **geleitet** und die beiden Ochsen hätten den Pflug durch die schwarze Erde gezogen. Ein kleines **Dampfschiff** sei über den See gefahren. Es seien **Leute** auf dem Schiffe gewesen. **Einmal** habe er im See gebadet; das Wasser sei aber kalt gewesen. Sein Onkel, der Bauer, habe gesagt, er **wolle** im Frühling **Mais** pflanzen, der Mais sei eine nützliche Pflanze. Im Herbste werde der Mais an der Scheune **aufgehängt, damit** die Körner **trocknen.** Arnold wird seinen Vater **bitten.** er **möge** ihn wieder auf das Land gehen **lassen.** Er sagt, er wolle sehr **artig** sein: er **wünscht,** dass ihr alle auch so fröhliche Ferien habet und so glücklich seiet, wie er. Im **Anfang** hatte man zu ihm gesagt: **Meinst** du, du werdest glücklich sein auf dem Lande. du werdest die Zeit nicht zu lang finden? Aber es kam nicht so. Arnold meint. es sei **nirgends** so schön, wie auf dem Lande. Er sagt: Man mag thun. was man will: alles ist schön; jede Arbeit macht mir Vergnügen, und der Onkel lässt mich machen, was ich will. Ich lasse aber auch keinen Augenblick **unnütz vorbeigehen,** damit mein Onkel nicht unzufrieden mit mir sei.

Fragen. Wer hat einen Pflug? Wer zieht ihn? Wer leitet ihn? Wo ist der Bauer, welcher ihn leitet? Womit hält er ihn? Wann pflügt der Bauer das Feld? Wo sehen wir Dampfschiffe? Wer ist auf dem Dampfschiffe? Wohin fährt das Dampfschiff? Wann ist es schön, auf dem Dampfschiffe zu fahren? Welcher See hat schöne Ufer? Welcher See hat hohe Berge an seinen Ufern? Welches Land hat viele schöne Seen?

Was ist der Mais? Wann pflanzt der Bauer den Mais? Wann wird er reif? Was macht man

aus dem Maise? Woraus auch? Wohin hängt man
den Mais? Warum? Wer hört gern erzählen? Wer
erzählt euch von grossen Männern unseres Landes
und anderer Länder? von den Früchten, Pflanzen
und Menschen anderer Länder? Was hängt man
auf? Was trocknet man? Was trocknet die Sonne?

Wohin lassen die Eltern die Kinder oft gehen?
Wann lassen die Eltern die Kinder nicht spazieren
gehen? Was lassen sie ihnen machen? Wann lassen
die Bauern das Gras mähen? das Kartoffelkraut
verbrennen? die Bäume schütteln? die Herde auf
der Wiese weiden?

Wann wünscht der Bauer schönes Wetter?
der Schüler? Wann wünscht der Bauer Regen?
Wie ist der, welcher die Zeit nicht unnütz vorbeigehen lässt? Wer lässt die Schulhäuser unserer
Stadt bauen? die Strassen sauber halten? Was
mögen viele Schüler nicht hören? Wo trocknet der
Bauer das Gras?

Warum bringen viele die Zeit unnütz zu?
Warum wünschen wir, dass der Frühling bald
wiederkomme? Warum warfen die Knaben den
Drachen in die Luft? Warum sagte der Onkel
seinem Neffen Emil, er **solle** seinen Freund August
einladen? Warum lehnt der Bauer eine Leiter an
den Baum? Warum zündet die Bäuerin das Kartoffelkraut an? Warum schüttelt der Bauer die
Bäume? Warum versammeln sich die Zugvögel?
Wer geht bei den Schnittern vorbei? bei der Dame
mit dem blauen Kleide?

Grammatisches. *Wie heisst a) der Genetiv Singular von* Pflug, Mais? Dampfschiff? *b) das Perfekt von*
zubringen, gehen, haben, pflügen, leiten, ziehen,
fahren, baden, sagen, aufhängen? *c) das Präsens von*

mögen, lassen, wollen, nehmen, schlafen? *d) das Imperfekt des Konjunktivs von* schreiben. liegen. legen. ziehen?

Konjunktiv

Präsens   Imperfekt

ich trage	**sei**	habe	trüge	ich wäre
du **tragest**	seist	**habest**	trügest	ich hätte
er **trage**	sei	**habe**	trüge	u. s. w.
wir tragen	**seien**	haben	trügen	ich lernte
ihr traget	**seiet**	habet	trüget	ich machte
sie tragen	**seien**	haben	trügen	u. s. w.

Perfekt   Plusquamperfekt

ich habe }
du **habest** } gelernt
er **habe** }
u. s. w.

ich hätte }
du hättest } gelernt
er hätte }
u. s. w.

ich **sei** }
du **seist** } gegangen
er **sei** }
u. s. w.

ich wäre }
du wärest } gegangen
er wäre }
u. s. w.

Futur   Konditionalis

ich werde }
du **werdest** } lernen
er **werde** }
u. s. w.

ich würde }
du würdest } lernen
er würde }
u. s. w.

Gerade und ungerade Rede.

I. Gerade Rede.

Der Müller Hans Braun spricht:

„Emilie hat diese Worte zu mir gesagt:
„Mein Bruder (der Bauer Eugen Braun) **fragte** mich: „Giebt es noch viele Blumen in eurem Garten?" Ich antwortete: „Ja". Dann sagte er: „Mache einen Strauss für die liebe Mutter!" Ich ging und pflückte

die Blumen; jetzt bin ich wieder hier und mache den Strauss. Morgen werde ich wieder Blumen holen. Wenn es nicht so weit wäre, ginge ich in den Wald."

II. Ungerade Rede.

a) Anna kommt in die Mühle und fragt ihre Tante: „Was hast du zu Onkel Hans gesagt?" Emilie antwortet:

„Ich sagte zu Hans, mein Bruder habe mich gefragt, **ob** es noch viele Blumen in unserm Garten gebe. Ich hätte „Ja" geantwortet. Dann habe er gesagt, ich solle einen Strauss für die liebe Mutter machen. Ich sei gegangen und hätte die Blumen gepflückt; jetzt sei ich wieder hier und machte den Strauss. Morgen würde ich wieder Blumen holen. (Ich sagte auch,) wenn es nicht so weit wäre, ginge ich in den Wald."

b) Emilie fragt Hans: „Kannst du wiederholen, was ich zu dir gesagt habe? Er antwortet: „Das ist nicht schwer;

du hast gesagt, dein Bruder habe dich gefragt, ob es noch viele Blumen in unserm Garten gebe. Du habest „Ja" geantwortet. Dann habe er gesagt, du sollest einen Strauss für die liebe Mutter machen, du seist gegangen und habest die Blumen gepflückt; jetzt seist du wieder hier und machest den Strauss. Morgen werdest du wieder Blumen holen. (Du sagtest auch,) wenn es nicht so weit wäre, gingest du in den Wald."

c) Karl fragt seinen Onkel: „Was hat denn Tante Emilie zu dir gesagt?" Er antwortet: „Das möchtest du hören? Nun,

sie hat gesagt, ihr Bruder (dein Vater) habe sie gefragt, ob es noch viele Blumen in unserm

Garten gebe. Sie habe „Ja" geantwortet. Dann habe er gesagt, sie solle einen Strauss für die liebe Mutter (deine liebe Grossmutter) machen. Sie sei gegangen und habe die Blumen gepflückt; jetzt sei sie wieder hier (in der Mühle, zu Hause) und mache den Strauss. Morgen werde sie wieder Blumen holen. (Sie sagte auch), wenn es nicht so weit wäre, ginge sie in den Wald."

d) Fräulein Braun fragt uns: „Können Sie wiederholen, was ich zu Hans gesagt habe?" Wir antworten: „Ja, das können wir, denn wir haben es schon viermal gehört;"

Sie haben gesagt, Ihr Bruder habe sie gefragt, ob es noch viele Blumen in Ihrem Garten gebe. Sie hätten „Ja" geantwortet. Dann habe er gesagt, Sie sollten einen Strauss für die liebe Mutter (für Ihre Frau Mutter) machen. Sie seien gegangen und hätten die Blumen gepflückt; jetzt seien Sie wieder hier (zu Hause) und machten den Strauss. Morgen würden Sie wieder Blumen holen. (Sie sagten auch.) wenn es nicht so weit wäre, gingen Sie in den Wald."

Aufgaben. *a) Georg, der Bauernknabe auf dem Sommerbilde, erzählt (in gerader Rede seinem Bruder), wie er den Tag zugebracht hat:*

Morgen hören Vater vor Schlafzimmer rufen: Georg, aufstehen; wir Feld gehen Korn mähen! Springen Bett, ankleiden und **Brunnen** gehen, waschen. Dann gehen mit — auf Feld, welches nahe bei —. Luft frisch. Vögel singen (auf — und in —). Auf Feld mähen. Nach einiger Zeit Schwester kommen, sagen, Mutter Frühstück. Gehen Hause. Vater schneiden Stücke Brot, die essen zum Kaffee; denn hungrig. Dann wieder Feld, mähen. Nach einiger Zeit Vater sagen: Georg, Haus gehen, Most und

Brot bringen! Gehen Haus, Krug, Korb. Sich setzen
schattig Baum, essen Brot, trinken Most, dann
arbeiten bis Mittag. Mittagessen gut. Nicht lange
Hause bleiben, wieder Feld. Nicht mehr mähen.
Schnitter binden, Knecht Wagen, laden, fahren.
Ich von Schnitter zu Schnitter gehen; denn Sonne
Himmel, wo keine Wolken sehen; daher warm.
Schnitter durstig. So den ganzen Tag, daher müde,
gern Bett.

b) Der Bruder sagt uns (in ungerader Rede),
was Georg ihm erzählt hat.

c) Der Jäger auf dem Herbstbilde sagt (in gerader
Rede) *seinem Sohn, wie man einen Drachen macht:*

Man nehmen Papier, zeichnen, anbinden, werfen,
steigen. Schnur halten. Wenn Wind wehen, hin-
und herwerfen. Springen hinter ihm her, bis fallen
oder verschwinden.

d) Wir wiederholen dem Jäger (in ungerader
Rede), *was er zu seinem Sohn gesagt hat.*

*e) Der Knabe auf dem Apfelbaum im Herbstbilde
erzählt uns* (in gerader Rede), *wie er gestern Äpfel
gepflückt habe:*

Gestern Vater sagen: Äpfel pflücken! Ich gehen
Scheune, holen. Lehnen, steigen. Dann klettern
Ast, pflücken Äpfel. Schwester, werfen, legen, einen
nach —. Als Korb voll, steigen herunter, Keller
bringen.

f) Seine Schwester wiederholt ihrem Bruder (in ungerader Rede), *was er erzählt hat.*

40.

Auf unserem Herbstbilde, nahe bei den Bauernknaben Robert und Fritz, sind zwei Tiere. Das
sind zwei **Ziegen.** Die Ziege hat auf dem Kopfe

zwei **Hörner**. Sie hat auch einen **Bart**. Dieser ist
unter dem **Kinne**. Die Ziegen sind **neugierig**. Sie
fressen Gras; sie sind mit **wenig** Gras zufrieden.
Beim Regen und beim Sonnenscheine sind sie munter;
sie spielen. sie springen. sie **verbergen** sich, **zeigen**
sich dann wieder. kurz. sie machen es wie die
Mädchen, wenn sie spielen.

Die beiden Ziegen unseres Bildes sind nicht
auf der Seite des Weinberges; dieser ist **links**, jene
sind **rechts**; sie sind auch nicht nahe beim pflügen-
den Bauer: dieser ist **hinten** auf dem Bilde, im
Hintergrunde, die Ziegen sind **vorn**, im **Vordergrunde**.
Die eine Ziege liegt im Grase, die andere steht;
beide sind mit einem **Stricke** an einen **Pfahl** gebunden. Vor dem Fenster des Bauernhauses ist
eine **Katze**.

Der Herbst hat drei **Monate**, wie die andern
Jahreszeiten; also hat das Jahr zwölf Monate. Sie
heissen: **Januar, Februar, März, April, Mai, Juni, Juli,
August, September,** Oktober, **November, Dezember**.

Fragen. Was ist die Ziege? Wie viele Hörner
hat sie? Wie viele Füsse? Wie ist ihr Schwanz?
Wie sind die Hörner? Was hat sie unter dem Kinne?
Wie viele Ziegen sind auf dem Herbstbilde? Gehen
sie frei umher? Warum nicht? Sind die Ziegen den
ganzen Tag angebunden? Wo sind sie während der
Nacht? Was fressen die Ziegen? Viel oder wenig?
Mehr oder weniger als die Kuh? Wer hütet die
Ziegen?

In welcher Jahreszeit geht der Ziegenhirte
oft mit den Ziegen auf die Berge? Geht er am
Mittag hinauf? Warum ist es sehr nützlich. die
Ziegen auf den hohen Bergen weiden zu lassen?
Wie ist das Gras auf den hohen Bergen? Hat in

einem Bergdorfe jeder Bauer, der Ziegen hält, einen
Ziegenhirten? Ist es der Ziegenhirte, der am Morgen
früh, wenn er mit seiner Herde auf den Berg gehen
will, die Ziegen aus den Ställen herausholt? Wann
steigt der Hirte wieder vom Berge herunter in das
· Dorf?

Wodurch ist die Ziege nützlich? Welches Tier
giebt auch Milch? Welches mehr? Wer hat einen
Bart? Wer hat auch einen Bart? Welches ist die
Farbe des Bartes? Wovon ist das Kinn ein Teil?
Hat Herr Braun viele oder wenige Kinder? Frisst
die Kuh viel oder wenig Gras? die Ziege? Habt
ihr viel oder wenig Zeit, euere Aufgaben zu machen?

Hinter was verbirgt sich oft die Sonne am
Tage? Was zeigt euch der Lehrer? Was zeigt sich
bei Tage am Himmel? Wo ist die Sonne, wenn sie
sich am Tage nicht zeigt? Was habt ihr schon an
unserem Bilde gezeigt? Was habt ihr in der Hand,
wenn ihr die Personen der Bilder zeigt?

Was ist auf dem Herbstbilde links? auf dem
Sommerbilde? auf dem Frühlingsbilde? rechts? Wer
sitzt rechts von euch? links von euch? Zeigt die
rechte Hand! die linke Hand! das rechte Auge!
das linke Auge! Was ist im Hintergrunde der
Bilder? im Vordergrunde?

Womit sind die Ziegen angebunden? Welche
andern Tiere können auch mit einem Stricke angebunden sein? Wo wird der Pfahl hineingeschlagen?
Was ist die Katze? Wo sehen wir eine Katze?
Wo hält man die Katze? Ist der Hund der Freund
der Katze?

Grammatisches. *Wie heisst a) der Genetiv Singular von Ziege, Horn, Bart, Pfahl, Katze, Vordergrund. Kinn? b) das Imperfekt des Konjunktivs von*
anbinden, verbergen, zusehen, arbeiten, steigen?

Aufgabe. Die Ziege ist ein —, wie —. Sie hat auf Kopf —, wie —, unter dem Kinn —. Schwanz kurz. Sie ist bald —, bald —. Ziege nützlich; denn —. Man giebt — oft — zu trinken. Bei — und bei — Wetter ist Ziege immer —. Sie will aber auch alles sehen; sie ist —. Ziege frisst —; aber sie frisst nicht —, sie ist mit — zufrieden.

Man hält Ziegen in Ländern, wo viele —, z. B. (= zum **Beispiel**) in — und —. Im Sommer führt man — auf die —. Aber nicht jeder Bauer hat seinen Ziegen—; oft hat ein ganzes Dorf nur e i n e n —. Dieser steht sehr — auf. Wenn Bauern Horn hören, gehen Stall und — hinausgehen. Mit allen Ziegen Hirte steigen Berg. Nach einiger Zeit bleiben dort, wo viel Gras: Ziegen —, Hirte liegen —. Ziege gut klettern; gehen, wo Kuh nicht steigen; aber nicht fallen. nicht Weg verlieren. Wenn Hirte durstig, Wasser trinken, das aus —. Wenn hungrig, nehmen Brot aus Sack. Das ist sein Frühstück und sein —. Aber zufrieden. Luft gut. Hirte stark. Abend steigen Dorf, wo Ziegen Stall finden.

Wiederholung der Wörter in den Nummern 31—40.

1. Was ist eine Städterin? der Handschuh? der Hals? die Bluse? das Sträusschen? der Hase? der Kragen? das Blatt? der Jäger? die Gans? der Rücken? der Winter? der Mund? die Weste? das Gesicht? der Drache? der Keller? der Arm? die Kartoffel? der Stamm? die Tenne? die Henne? der Mais? die Ziege? der Hahn? das Kinn? die Katze?

2. Wer oder was ist breit? willkommen? schmal? lieb? schwer? kalt? neugierig? herzlich?

3. Wer oder was hat ein Gewehr? einen Sonnenschirm? eine Bluse? einen langen Hals? Handschuhe?
einen Kranz auf dem Kopfe? ein Stäbchen unter
dem Arme? einen Kragen? eine Jagdtasche? den
Drachen in der Hand? einen Bart? keinen Bart?
viel Vergnügen? Geschwister? einen Mund? eine
Nase? ein Spielzeug? zwei Arme? Blätter? Hörner?
Welches Tier hat einen langen Schwanz? einen
kurzen Schwanz? Welche Person des Herbstbildes
hat keine Schuhe? eine Schürze? einen Flegel in
der Hand? den Hut in der Hand?

4. Wer oder was weht? kräht? zählt? zwitschert? klettert? zeichnet? bückt sich? erzählt?
pflügt? Wer begleitet den Jäger? die Dame mit
dem blauen Kleide? Wer schwenkt den Hut?
trägt die Butte? das Gewehr? die Hasen? einen
Sonnenschirm? einen Kranz? Handschuhe? brütet
die Eier? bereitet den Honig? pflanzt die Blumen?
verschwindet hinter den Bergen? bereitet die Mahlzeit? drischt das Korn? zieht den Pflug?

5. Wen oder was hält der Schnitter in der
Hand? der Jäger? die Dame mit dem blauen Kleide?
ein Bauernknabe auf dem Herbstbilde? Heinrich
Braun? das Mädchen unter dem Apfelbaume des
Herbstbildes? Karl Braun? die Grossmutter? Anna
Braun? Was bereitet die Biene? die Magd? lehnt
der Bauer an den Baum? sammelt die Biene? schüttelt der Bauer? zündet man an? bringt man in
Säcke? hält der Bauer in der Hand? schüttelt der
unzufriedene Lehrer? dreschen die Drescher? gräbt
der Bauer aus? mahlt der Müller? bindet man mit
einem Stricke an? verbrennt der Bauer?

6. Wer oder was ist in der Butte? auf dem
Kopfe des grossen Bauernmädchens? des kleinen
Bauernmädchens? auf dem Rücken des Jägers? auf

den Eiern des Vogelnestes? auf den Blumen der
Wiese? auf dem See? im Gesichte des Menschen?
auf dem Kopfe der Ziege? in dem Bienenkorbe?
in dem Fasse? in der Tenne? auf dem Dampfschiffe? unter dem Kinne der Ziege?

7. Wo ist oder sind der Kranz von Blättern?
der tote Hase? das Gewehr des Jägers? mehrere
Gänse? die Jagdtasche? der Winzer? die Trauben?
die Kufe? zwei Butten? Fusswege? der Drache?
das Blatt? die Kehle? der Flegel? das Mehl? der
Bart? das Horn? die Ziege? Wo bringen viele
Schüler ihre Ferien zu? hängt man den Mais auf?
Wohin geht oder gehen der Jäger? der Städter?
der Drache? der Zugvogel? die Winzer?

Wohin führen die Strassen? steigt der Drache?
die Ziege? verschwindet die Sonne? gehen viele
Schüler in den Ferien? klettert die Ziege? der
Knabe? legen die Winzer die Trauben? schütten
die Winzer die Trauben im Korbe? werfen die
Knaben den Drachen? lehnen die Bauern die Leiter?
fahren die Dampfschiffe?

Wovon ist das Blatt ein Teil? der Hals? die
Schuhe? der Ast? der Rücken? der Winter? der
Keller? der Stamm? der Schwanz? die Tanne? das
Kinn?

Woher kommt der Sauser? die Jäger? die
Städter? der Honig? die Kartoffel? der warme
Wind? der kalte Wind? Womit drischt man das
Korn? pflügt man das Feld? Woraus wird das
Mehl gemacht? der Dreschflegel?

8. Wann geht der Jäger auf die Jagd? der
Städter auf das Land? Wann schüttelt der Bauer
die Bäume? der Lehrer den Kopf? Wann gehen
die Zugvögel in wärmere Länder? Wann versammeln

sich die Schüler vor dem Hause? Wann kommen
die Zugvögel wieder zu uns?

9. *Das Gegenteil von* breit, rechts, hin, morgen,
fallen, hinauf, warm, der Norden, der Vordergrund,
der Osten, vorn, viel, der Süden, kalt, schmal, steigen,
gestern, der Westen, links, der Hintergrund, hinunter, wenig, hinten.

41.

Vor der Stadt, in der wir wohnen, ist ein
grosser **Teich.** Im Winter, wenn es sehr kalt ist,
gefriert das Wasser dieses Teiches. Es wird zu **Eis.**
Wenn das Eis sehr **hart** geworden ist, gehen viele
Leute auf den Teich. Sie heissen ihn dann: die
Eisbahn. Sie **gleiten** über das Eis **dahin.** An ihren
Schuhen haben sie **Schlittschuhe befestigt.** Die Leute,
welche gut schlittschuh**laufen** können, gleiten sehr
schnell über das **glatte** Eis dahin. **Diejenigen,** welche
keine guten Schlittschuhläufer sind, *fallen* oft *um.*
Schwache schlittschuhlaufende Kinder **frieren** bald
an die Hände. Ich gehe gern mit meinen Kameraden auf die Eisbahn. Wenn ich meine Aufgaben
gemacht habe, gehe ich zu meinem Freunde **Max**
und frage ihn, ob er mit mir schlittschuhlaufen
wolle. Beinahe immer sagt er, er komme gern.
Wir gehen schnell über die weisse Strasse, welche
ganz mit Schnee **bedeckt** ist. Am **Rande** der Eisbahn wird das Eis **gebrochen** und auf Wagen geladen. Die **Metzger** (oder **Fleischer**) **brauchen** Eis,
um es im Sommer auf das Fleisch zu legen, da-
mit es frisch bleibe. Wir Kinder **dürfen** nicht nahe
an die **Stelle** gehen, wo das Eis gebrochen wird.
Wir könnten ins Wasser fallen. Ein Mann *darf*
näher gehen. Mein Freund nimmt oft seine kleine

Herbst.

Schwester mit aufs Eis. Wir nehmen sie bei der Hand und führen sie. Sie kann noch nicht schlittschuhlaufen, sie lernt es. Wir sehen gerne den guten Schlittschuhläufern zu.

Fragen. Wem gleicht ein grosser Teich? Ist ein Teich grösser oder kleiner als ein See? Wo habt ihr schon einen Teich gesehen? Was habt ihr schon in dem Teiche gesehen? Wann gefriert das Wasser? Was wird dann aus dem Wasser? Gefriert das Wasser auch im Hause? Gefriert auch der Most? der Wein? die Milch? Warum ist vielen Leuten das Eis lieb? Wo können wir während des ganzen Jahres Eis sehen?

Was braucht man zum Schlittschuhlaufen? Wie viele Schlittschuhe braucht ein Schlittschuhläufer? Wo befestigt er sie? Wo sind die Schlittschuhläufer? Kann jeder schlittschuhlaufen? Wer fällt beim Schlittschuhlaufen oft um? Können auch mehrere Personen miteinander schlittschuhlaufen? Worüber gleitet das Dampfschiff?

Wer steht am Rande des Teiches? Wer trägt einen Hut mit grossem Rande? Wen seht ihr auf dem Sommerbilde nahe am Waldrande? Wer hat gute Kameraden? Wer hat keine guten Kameraden? Was thut man gern mit guten Kameraden? Was haben die Knaben an den Drachen befestigt? Woran ist der Strick befestigt, mit welchem die Ziegen angebunden sind? die Schnur, an welcher der Drache angebunden ist?

Was braucht der Bauer zum Eggen? zum Pflügen? Was braucht man, um die Garben von einer Stelle zur andern zu bringen? Was braucht man zum Schreiben? zum Schlittschuhlaufen? zum Spazierengehen? zum Mähen? zum Mahlen des

Kornes? Was braucht man, um Brot zu machen? um einen Brief zu schreiben? um einen Drachen zu machen? um das Gras zu trocknen?

Womit ist die Wiese im Winter bedeckt? im Sommer? Was ist im Sommer mit Schnee bedeckt? Womit ist im Winter oft der Teich bedeckt? Womit sind die Schnitter bedeckt? Wer lässt das Eis brechen? Schneidet oder brecht ihr das Brot? Welches Eis bricht nicht? Welches bricht? Wann kann ein Steg brechen?

Was thut der Drache, wenn die Schnur, an welcher er angebunden ist, bricht? Was thun die Ziegen, wenn der Strick, mit welchem sie an den Pfahl gebunden sind, bricht? Wer oder was kann umfallen? nicht umfallen? Wie fragen wir nach dem Wege, welcher zum Dorfe führt? Was für Kleider ziehen wir an, um nicht zu frieren? Was ziehen viele Leute an, um nicht an die Hände zu frieren? In welcher Jahreszeit frieren wir oft?

Was bereitet der Metzger (Fleischer)? Was für Fleisch holt ihr beim Metzger? Was für eine Schürze trägt der Metzger, der am Rande der Eisbahn steht? Wie heisst die Stelle, wo die Ziege einen Bart hat? Könnt ihr mir eine Stelle dieses Buches sagen?

Was darf man in der Schule nicht thun? Wer darf nicht in dem See baden? Wer von euch darf unter das Wasser tauchen? Wann dürft ihr nicht ohne Schuhe gehen?

Siehst du, ob der Himmel bedeckt ist oder nicht? Seht ihr, ob die Trauben reif oder unreif sind? Woran seht ihr es? Woran seht ihr, ob jener Vogel ein Hahn oder eine Henne ist? ob das Korn reif sei oder nicht? Fragen euch die Eltern, ob ihr in die Schule gehen wollet oder nicht? ob ihr dieses oder jenes haben wollet oder nicht?

Wohin nimmt euch euer Vater mit? Was nehmt ihr in die Schule mit? Was nimmt der Bauer auf das Feld mit? die Mutter in die Stadt? der Jäger auf die Jagd? der Winzer in den Weinberg? die Magd nach Hause?

Grammatisches. *a) Sammle die Verben, die in der zweiten und dritten Person des Singulars des Präsens im Indikativ einen andern Vokal haben als in der ersten Person. b) Wie heisst der Genetiv Singular von* Eis. Rad, Eisbahn, Teich, Schlittschuhläufer? *c) Sind die Vorsilben in folgenden Wörtern trennbar oder nicht?* befestigen, anbinden, umfallen, gefrieren, mitnehmen.

Aufgabe. Auf dem Eise. *(Die Verben im Perfekt).*

Wetter, Sonne, kalt. **Lust** kommen. Eisbahn nahe bei Stadt gehen, als hören, schön. Schlittschuhe holen, anziehen warme Kleider, Handschuhe und gehen Freund Max. Fragen, ob mitgehen. Antworten gern. Auch er anziehen, wir gehen vor Stadt. Dort Schlittschuhe anziehen. Sehr schön. über Eis hingleiten. Freunde auch dort, laufen mit einander, fröhlich den ganzen Nachmittag. Abend Haus gehen.

42.

Gestern, als wir aus der Schule kamen, machten einige Kinder am Ufer des Teiches einen Schneemann. Sie warfen ihre **Tafeln,** Bücher, Hefte und **Tornister** auf den Schnee. Robert und Heinrich rollten Schnee**bälle** vom Hügel herunter, bis sie sehr gross waren. Sie sagten, es seien **Lawinen.**

Drei Lawinen wurden auf einander **gestellt;** sie **bildeten** den Körper des Schneemanns. Eine kleinere Lawine bildete den Kopf. Arme und Hände wurden aus Schnee gemacht und an den Körper gepresst. Zwei **Steine** wurden ins Gesicht **gedrückt.** Das waren die Augen. Der Mund war ein **Loch,** und wir **steckten** eine **Tabakspfeife** hinein. In die Hand gab man dem Schneemanne einen **Besen.** Am Samstage, wo wir einen freien Nachmittag haben, wollen wir ein Schneehaus bauen. Das wird hübsch werden; alle meine Kameraden werden helfen.

Fragen. Wer hat einen Tornister? Was hat der Schüler im Tornister? der Soldat? Wo trägt der Schüler den Tornister? der Soldat? Wer macht den Schneeball? Woraus machen sie ihn? Wohin werfen die Knaben die Schneebälle? Frieren sie nicht an die Hände? Was sehen wir, wenn wir einen Schneeball in dem frischen Schnee rollen? Wie hiessen die Knaben ihre grossen Schneebälle? Woher sieht man, wenn der Schnee schmilzt, oft Lawinen rollen?

Was machen die Kinder aus dem Schnee? Wo seht ihr einen Schneemann? Ist er im Vordergrunde oder im Hintergrunde? vor oder hinter der Eisbahn? rechts oder links? Worin gleicht er einem Menschen? Wie viele Augen hat er im Kopfe? Was sind diese Augen? Was hat er im Munde? Wer hat sie ihm in den Mund gesteckt? Was hat er in dem einen Arme? Hält er diesen im rechten oder im linken Arme? Wer hat diesen Schneemann gemacht? Gehen diese Knaben in die Schule? Woran seht ihr das?

Wo finden wir viele Steine? Wozu braucht man die Steine? Woraus wird das Haus gebaut?

Wohin werfen artige Knaben keine Steine? Was
ist der Tabak? In welchen Ländern pflanzt man
Tabak? Wer braucht den Besen?

Was bildet eine Herde? ein Dorf? eine Familie?
die Augen des Schneemannes? Welche Schüler stellt
der Lehrer oft vor die Thüre des Schulzimmers?
Wohin stellen die Kinder den Schneemann? die
Knechte den Wagen? die Winzer die Butten? Wohin stellt man Blumen, damit sie frisch bleiben?

Wann drücken die Knaben mit ihren Händen
den Schnee? Drücken uns die Schuhe, wenn sie
zu gross oder wenn sie zu klein sind? Was drückt
uns noch mehr? Wem drücken wir die Hand?
Wie drücken wir einem guten Freunde, den wir
schon lange nicht mehr gesehen haben, die Hand?
Was kann den Winzer drücken? den Soldaten?
Wann drückt uns die grosse Wärme? Was drückt
im Winter oft auf die Bäume?

Was steckt ihr in die Tasche, wenn ihr in
die Schule geht? Ist es artig, in der Schule die
Hände in die Taschen zu stecken? Steckt der Mann,
der arbeiten will, die Hände in die Taschen?

Grammatisches. *Wie heisst a) der Genetiv Singular von* Tornister, Besen. Lawine, Schneeball, Loch?
b) das Präsens im Konjunktiv von sein, schlagen,
werden? *c) das Imperfekt im Indikativ von* fragen,
binden, tragen, schwimmen, bitten, helfen.

Aufgabe. *Erzählt, wie ihr mit euern Kameraden
einen Schneemann gemacht habt.*

43.

Gestern war der Himmel ganz **grau**, und in
grossen **Flocken** ist der erste Schnee gefallen. Diese
grossen, **weichen** Flocken haben die Erde wie mit

einem weissen Tuche **bekleidet.** Und immer noch
fallen die weissen Flocken vom Himmel herunter:
Auf Bäumen und Sträuchern liegen sie; der ganze
Berg ist von ihnen bedeckt; es **schneit** immer noch.
Heute Morgen früh haben wir unseren **Schlitten**
vom **Boden** heruntergeholt. Aber jetzt **müssen** wir
in die Schule gehen. Wir können noch nicht Schlitten
fahren. Wenn die Schule nur bald zu Ende wäre!
Dann würden wir auf den Hügel steigen, uns auf
unseren Schlitten setzen und hinunterfahren, wie
der Blitz.

Auf unserem Schulwege müssen wir durch
den Schnee **waten.** Vor den Häusern wird er mit
einem Besen weg**gekehrt** und in den meisten Strassen
wird er mit Schnee**schaufeln** in grosse **Haufen ge-
schaufelt.** Wir haben wärmere Kleider, **Mäntel** und
Handschuhe angezogen. damit wir nicht frieren.
Das arme Kind, welches keine warmen Kleider
hat, *muss* im Winter frieren. Die Kinder, die im
Schnee spielen, frieren nicht. Sie **bewegen** sich,
werfen Schneebälle auf einander und auf den Schneemann, schaufeln den Schnee oder gleiten über das Eis.

Vom Hügel herunter fahren die grösseren
Knaben und Mädchen mit den fröhlichen Kleinen.
Manchmal fallen die Schlitten um; dann fallen die
Kinder in den Schnee. Das ist kein **Unglück.** Sie
stehen wieder auf. schütteln den Schnee von den
Kleidern und setzen sich dann wieder auf den
Schlitten. Die jüngeren Kinder *halten* sich *an* den
älteren **fest,** und so geht es fröhlich weiter, bis
es Abend geworden ist.

Es giebt Länder, wo es sehr warm ist und
der Schnee **nie** fällt. Dort möchten wir nicht
immer wohnen, weil wir im Winter nicht Schlitten
fahren könnten.

Fragen. Wann schneit es? Woher kommt der Schnee? Wie? Wie sind die Wolken, aus welchen der Schnee auf die Erde fällt? Wie heissen die kleinen Teile des Schnees, in welchen er zur Erde fällt? Wohin fallen sie? Was bedecken sie also? Der Schnee, der auf der Erde liegt, bedeckt sie wie — ? Wer trägt einen Mantel? in welcher Jahreszeit? Warum tragen wir Mäntel? Sind die Flocken, die zur Erde fallen, hart? Bleibt der Schnee, der auf die Strassen der Stadt fällt, lang liegen? Wer bringt ihn weg? mit einem Besen? Wo bringt man den Schnee mit einem Besen weg? Wohin werfen die Männer den Schnee, der in den Strassen liegt? Wohin führt man ihn dann?

Welche Person des Frühlingsbildes hat eine Schaufel in der Hand? Was gräbt sie damit um? Wer kehrt die Zimmer? womit? Wann thut man das? Sind auf dem Lande früh morgens alle Strassen frei von Schnee? Bleiben dann die Leute in den Häusern, bis man eine Bahn gemacht hat? Was müssen sie thun, wenn sie über ein Feld gehen? Wodurch watet man auch noch? Tragen die(jenigen), welche durch den Bach waten, Schuhe und Strümpfe?

Für wen ist es ein grosses Vergnügen, den ersten Schnee zur Erde fallen zu sehen? Welche Vergnügen haben dann die Kinder? Wohin ziehen dann die Kinder ihre Schlitten? Was thun sie, wenn sie dort hingekommen sind? Wohin fahren sie dann? Fällt der Schlitten nie um? Wohin fallen dann die Kinder? Womit sind dann die Kleider bedeckt? Was thun die Kinder, um diesen Schnee wegzubringen?

Was würde der Schnee, wenn er an den Kleidern bliebe, dem Körper wegnehmen? Wozu wird der Schnee durch die Wärme? Was thun die Kinder,

wenn der Schlitten glücklich an den Fuss des
Hügels gekommen ist? Auf welcher Seite unseres
Winterbildes ist der Schlitten, der in diesem Augen-
blicke am Fusse des Hügels ist? Wer sitzt darauf?
Wer ist vorn? Wer sitzt hinten? Welches Kind
ist grösser? Ist der Schlitten gross? Was thut das
Schwesterchen, damit es nicht vom Schlitten her-
unterfalle? Wie lange geht es so weiter?

Zeigt einen andern Schlitten auf dem Bilde!
Wie viele sind es? Wo ist der erste? der zweite?
der dritte? Wer zieht diese Schlitten? Wie viele
Pferde? Zeigt den Schlitten, welchen nur *ein* Pferd
zieht!

Zeigt auf dem Bilde das Mädchen, das den
kleineren Bruder an der Hand führt! An welcher
Hand führt es ihn? Was hat der Knabe unter dem
linken Arme? Woher kommt er also? Was hat die
Schwester am rechten Arme? Was seht ihr darin?
Wo hat sie ihre rechte Hand? warum?

Zeigt auf dem Winterbilde einen Knaben, der
gefallen ist! Warum ist er gefallen? Was hält er
in die Höhe? Auf welchem Arme liegt er auf dem
Eise? Was ist ihm beim Fallen vom Kopfe ge-
flogen? Warum fällt der andere Knabe nicht, der
nahe bei ihm ist? Sind viele Leute auf der Eisbahn des Winterbildes? Zählt die Personen! Wer
fährt *zu zweien?* Zeigt die Personen, die nicht mit
einer andern Person fahren! Sind die Schlittschuhläufer Herren oder Damen?

Aufgabe. *a) Der erste Schnee. b) Karl (in Deutschland) schreibt seinem Vetter* **Theodor** *(in* **Indien***) einen
Brief über die Vergnügen des Winters.*

44.

Die kleine **Emma** erzählt: **Letzten** Winter durfte ich einige Tage nicht in die Schule gehen. Ich war nicht ganz **wohl**. Ich hatte mich **erkältet**. Doch musste ich nicht das Bett hüten (= im Bette bleiben). Ich spielte oder las den ganzen Tag. Oft **schaute** ich *zum* Fenster *hinaus*. Ich durfte aber das Fenster nicht **öffnen**. Es war kalt **draussen**. Jeden Morgen waren die Fenster gefroren; sie waren mit Eisblumen bedeckt. Aber dann **heizte** die Magd **ein;** sie warf Holz in den grossen **Ofen,** der in der **Ecke** des Wohnzimmers steht. Der Ofen wurde warm, die Eisblumen schmolzen, und dann konnte ich hinausschauen. Das war ein Vergnügen!

Meine Freundinnen gingen auf ihrem Wege zur Schule an unserem Hause vorbei; sie **grüssten** mich und warfen auch manchmal Schneebälle ans Fenster. Nach der Schule machten die Kinder beim Teiche einen Schneemann. Viele fuhren auf ihren Schlitten den Hügel hinunter, andere liefen auf dem Teiche schlittschuh.

Sogar der kleine **Walter** ging manchmal am Hause vorbei. Seine Schwester Johanna führte ihn immer bei der Hand. Er **fürchtete,** auf dem glatten Schnee umzufallen. Er war sehr warm gekleidet. An seiner Mütze hingen **Lappen**, die seine **Ohren** bedeckten: er trug einen **dicken, bläulichen** Mantel und um den Hals ein warmes Tuch. Seine **Finger staken** in Handschuhen und die **Beine** in **Gamaschen**. Er fror aber doch; denn er wollte sich nicht bewegen, wie die andern Kinder. Er sprang nicht im Schnee umher, glitt nicht übers Eis, rollte keine Lawinen und fürchtete sich, auf einem Schlitten

zu sitzen. Wie gern wäre ich hinausgegangen!
Aber dann wäre ich **krank** geworden.

Fragen. Wo ist der Ofen? In welchem Teile
des Zimmers steht er? In welcher Jahreszeit braucht
man den Ofen? In welchem Lande braucht man
keine Öfen? Was wirft man in den Ofen, wenn
man ein Zimmer warm machen will? Was thut
man, wenn das Holz im Ofen ist? Was kommt
vom Ofen, wenn das Holz verbrannt ist?

Wie viele Ecken hat dieses Zimmer? Wer muss
oft in die Ecke des Schulzimmers stehen? Wie
viele Ecken hat das Haus? Kann man um die Ecken
herumsehen? Warum stehen also die Kinder beim
Spielen manchmal hinter einer Hausecke?

Wie heisst der Knabe auf dem Winterbilde,
den seine Schwester bei der Hand führt? Was
trägt er auf dem Kopfe? Was hängt zu beiden
Seiten der Mütze herunter? Was sollen sie bedecken? Warum giebt ihm die Mutter eine so
warme Mütze? Welche Farbe hat der Mantel des
kleinen Walter? Wie sind seine Hosen? Was trägt
er über den Füssen und Beinen? Was sieht man
zwischen den Gamaschen und Hosen? Wie sind
sie? Was trägt Walter um den Hals? Zeigt andere
Personen des Winterbildes, die um den Hals warme
Tücher tragen! eine Person, welche ein warmes
Tuch auf dem Kopfe trägt!

Wie viele Beine hat der Mensch? der Hund?
der Pult? Was ist unter den Beinen des Menschen?
Was thut derjenige, welcher nicht mehr fest auf
den Beinen steht? Wann kann man ein Bein brechen?
Wann kann man sich erkälten?

Wer schaut zum Fenster des Hauses heraus?
Wie heisst dieses Mädchen? Warum kommt es nicht

aus dem Hause heraus, um mit den andern Kindern zu spielen? Wo muss es also bleiben? Welche Schüler schauen oft zum Fenster hinaus?

Warum öffnen wir im Sommer die Fenster? Wann öffnen sich die Blüten der Bäume? Wann öffnen wir eine Thüre? Habt ihr auch schon gespielt: Fürchtet ihr den schwarzen Mann nicht? Warum fürchtet ihr, zu spät in die Schule zu kommen? Wer fürchtet sich nicht so schnell?

Wer war der Letzte, der in das Schulzimmer trat? Welches ist die letzte Stunde des Vormittags? des Nachmittags? Welches ist der letzte Tag der Woche? der erste? Geht ihr spazieren, wenn ihr nicht wohl seid? Wer hat dicke Hände? Welcher Baum hat einen dicken Stamm?

Aufgaben. *a) Johanna erzählt ihrem Bruder von ihrer Freundin Emma.*

b) Wie wäre das Winterbild, wenn es Sommer darauf wäre?

45.

Der **Arzt, Doktor** Weber, hatte gesagt, ich müsse eine **Arznei einnehmen.** In einer grossen **Flasche** stand sie am Fenster. Sie war sehr **bitter,** und ich nahm sie nicht gern ein. Meine Mutter **gab** mir täglich **zweimal** davon **ein.** Um 10 **Uhr morgens** und um 6 Uhr **abends** musste ich einen **Löffel** *voll* einnehmen. Abends, wenn mein Bruder zu Hause war, durften wir manchmal Äpfel **braten.** Wir legten sie in den warmen Ofen, bis sie gebraten waren, und assen sie dann. Wenn die Uhr acht schlug, mussten wir zu Bette gehen. Morgens um sieben Uhr standen wir wieder auf. Am Morgen durfte ich das Wohnzimmer **abstauben.** Es ist beinahe immer **Staub** auf den **Möbeln.** Ich **reinigte** alle

Möbel mit dem Staubtuche. Dann setzte ich mich auf meinen **Sessel** in die Nähe des Fensters und spielte.

Neben unserem Wohnhause ist meines Vaters **Schmiede**. Da stehen keine Möbel; auch kein Ofen ist dort, nur ein grosses Feuer. Durch die offene Thüre sieht man die **Flammen**. Der **Rauch** steigt durch den **Schornstein** in die Luft. Mein Vater braucht Feuer, um das **Eisen** zu **schmieden**. Er hält es ins Feuer, bis es rot geworden ist; dann legt er es auf den **Ambos** und schlägt mit seinem **Hammer** darauf. So kann er es **formen,** wie er will. Er macht **Hufeisen,** er ist ein Huf**schmied**. Mit Nägeln befestigt er das Hufeisen an dem Hufe des Pferdes; er **nagelt** es **an,** er **beschlägt** das Pferd. Der Hammer, womit mein Vater auf das Eisen schlägt, ist nicht **leicht.**

Fragen. Wann holt man den Arzt in ein Haus? Wie heisst ein Doktor unsrer Stadt? Habt ihr den Arzt auch schon geholt? Wer war krank in euerem Hause? Wie läuft man zum Doktor, wenn man ihn für eine sehr kranke Person holen muss? Was giebt der Doktor dem Kranken manchmal? Wo ist die Arznei? Muss der Kranke die ganze Flasche auf einmal trinken? Wie viel auf einmal? Wer von euch hat schon Arznei eingenommen? Nehmen die Kinder die Arznei gern ein? Warum nicht?

Wie viel Uhr ist es? Um wie viel Uhr geht ihr am Morgen in die Schule? am Nachmittag? Um wie viel Uhr steht ihr im Sommer auf? im Winter? Um wie viel Uhr kommt ihr am Mittag aus der Schule zurück? am Nachmittag? Dürft ihr im Winter noch draussen sein, wenn es acht Uhr schlägt?

Wozu braucht man das Staubtuch? Wer thut das? Was ist ein Möbel? Haben wir auch Sessel in unserm Schulzimmer? Wie viele? Wie viele Beine hat der Sessel? Wer staubt die Sessel ab? Was ist noch mehr in diesem Zimmer? Wann muss man manchmal die Kleider abstauben? Was setzt sich auf die Kleider?

Woher kommt der Staub? Wann ist viel Staub auf den Strassen? Bleibt der Staub auch auf den Strassen, wenn Menschen darüber laufen oder Wagen darüber fahren? Wohin geht dann der Staub? Bleibt der Staub in der Luft? Was schlägt den Staub wieder auf die Erde? Was reinigt also der Regen? Wovon macht er sie frei? Ist also der Regen nützlich oder nicht? Wann ist er aber nicht nützlich? Was thut man, wenn viel Staub in einem Zimmer ist?

Auf dem Winterbilde seht ihr vorn links ein Haus; was ist dieses Haus? Wie viele Thüren dieses Hauses seht ihr? Sind sie offen oder geschlossen? Welche ist offen? Welche ist geschlossen? Wohin kommt man durch die Thüre links? durch die rechts? Wer ist vor der geschlossenen Thüre? Was hält sie in der Hand? Was thut sie damit? Warum thut sie das? Muss sie das jeden Tag thun? Wohin kommt man durch die offene Thüre?

Was sieht man durch diese Thüre? Wer hat es angezündet? Was hält der Schmied in das Feuer? Wie wird dann das Eisen? Wie kann es der Schmied dann formen? Womit schlägt er auf das Eisen, um es zu formen? Was macht z. B. der Schmied so? Wer braucht Hufeisen? Wo haben die Pferde die Hufeisen? Wie viele Hufeisen braucht also ein Pferd? Was ist im Hufeisen?

Was nimmt der Schmied in die Höhe, wenn

er ein Pferd beschlagen will? mit der linken oder
rechten Hand? Wohin legt er das Hufeisen? Was
hält er dann in ein Loch des Hufeisens? Womit
schlägt er darauf? In welcher Hand hält der Hufschmied den Hammer? Wo hinein geht dann der
Nagel, wenn der Hufschmied mit dem Hammer
auf den Nagel schlägt? Was hält der Nagel fest?
Woran? Wie viele Nägel schlägt der Hufschmied
hinein?

Wo schlägt man auch Nägel ein? Was hängt
man an den Nagel im Zimmer? Was braten manchmal die Kinder, wenn die Mutter es erlaubt? Was
brät die Magd? Was esset ihr oft mit den ge-
bratenen **(gerösteten)** Kartoffeln?

Grammatisches. *Wie heisst das Imperfekt und
das Perfekt, beide im Konjunktiv, von* halten, braten,
zusehen, werden, dürfen, einnehmen?

Aufgaben. *a) Die Arbeiten der Magd im Hause.
b) Emma beschreibt das Wohnhaus und die Schmiede
ihres Vaters.*

46.

Viele Knaben und Mädchen bleiben gern vor
meines Vaters Schmiede stehen, um hineinzusehen
und zu hören, wie der Hammer **klingt,** wenn er auf
das Eisen fällt. Auch ich sehe gern der Arbeit
meines Vaters zu; aber als ich nicht wohl war,
durfte ich nie in die Schmiede gehen. Vom Fenster
aus *sah* ich manchmal einen Wagen vor der Schmiede
halten. Mein Vater hatte den Pferden, die ein Hufeisen **verloren** hatten, ein **neues** an den Huf zu nageln.

Eines Tages hielt sogar die grosse, gelbe **Postkutsche,** die mit **Koffern** und **Paketen** beladen war,
vor des Vaters Schmiede. Während mein Vater
eines der Pferde beschlug, sass der **Kutscher** frierend

auf dem **Bocke**. Meine Mutter gab der Magd eine Flasche Wein, damit sie dem Kutscher davon gebe. Der Kutscher dankte freundlich, als ihm die Magd den Wein einschenkte und ihm das volle **Glas** in die Hand gab.

Mit der Postkutsche waren zwei **Reisende** gekommen, ein Herr und eine Dame. Die Dame schaute zum Fenster heraus, als sie an unserm Hause *vorbeifuhr*. Den Herrn sah ich, weil er **aus-stieg** und *auf* und **ab** ging. Im Auf- und Abgehen **rauchte** er eine **Zigarre**, bis mein Vater mit seiner Arbeit **fertig** war. Ich hätte so gern **gewusst**, woher die Reisenden gekommen waren und wohin sie gehen wollten.

Vielleicht reisten sie in ein wärmeres Land, wie die Singvögel. Dort giebt es keinen Winter. Es fällt dort kein Schnee; das Wasser gefriert nicht; die Blumen blühen das ganze Jahr, und Früchte hangen an den Bäumen. Ich *möchte wohl* eine **Reise** in wärmere Länder machen, aber ich möchte doch nicht dort wohnen; denn wo kein Winter ist, da giebt es auch keine Eisbahn; man kann dort **weder** Schlitten fahren, **noch** Schneemänner machen.

Fragen. Wo seht ihr auf unserem Bilde den Hufschmied? Was thut er? Wie viele Pferde sind vor der Schmiede? Was ziehen sie? Wer leitet die Pferde? Wo sitzt er? Auf wen schaut er in diesem Augenblicke? Was schenkt das junge Mädchen ein? Woraus schenkt es ihm ein? In was (worein) schenkt es ein? In welcher Hand hält es die Flasche? das Glas? Wem wird es das Glas geben? Was wird der Kutscher thun? Warum thut der Wein dem Kutscher wohl?

Was hat der Kutscher um seine Beine gelegt?

Warum? Warum muss er warm angekleidet sein?
Hat die Postkutsche Räder? Warum nicht? Wer
schaut zur Kutsche heraus? Wer steht nahe bei
der Postkutsche? Was thut der Herr in diesem
Augenblicke? Wer thut das auch? Was braucht
man zum Rauchen?

Was trägt der Herr über seinen Kleidern?
Ist dieser lang oder kurz? Der Mantel geht beinahe bis —. Wie ist also der Herr gekleidet? Was
trägt er auf dem Kopfe? Warum raucht der Herr
nicht in der Postkutsche? Wodurch ist der Herr
aus der Postkutsche gestiegen? Wie lange wird
er noch draussen bleiben?

Was ist auf der Postkutsche? Wem gehören
sie? Was ist in den Koffern der Reisenden? Woher kommt die Postkutsche? Wohin geht sie? Ist
auch eine Post in unserer Stadt? Wo ist sie? Ist
sie schön? Was tragt ihr manchmal auf die Post?
Was schenkt man in die Gläser ein?

Wann verlieren die Blätter ihre grüne Farbe?
Wie werden sie dann? Was habt ihr schon verloren? Wann verlieren die Bäume ihre Blätter?
Wohin fallen sie dann? Hört man den Schmied,
wenn er in der Schmiede arbeitet? Warum hört
man ihn? Was klingt zur Frühlings- und Sommers-
zeit im Walde?

Wer macht Reisen? In welcher Jahreszeit
machen viele Leute Reisen? Wohin reisen sie?
Was bewundern die Reisenden? Sieht man die
Reisenden gern in einem Lande? Habt ihr schon
Schulreisen gemacht? Ist unser Schulhaus neu oder
alt? An welchen Tagen tragen wir die neuen
Kleider? Wann müsst ihr einen neuen Hut haben?
Was thut ihr, wenn ihr mit euerer Aufgabe fertig
seid? Ist das Haus fertig gebaut, wenn es noch

kein Dach hat? Was ist nie weiss? nie grün? nie
erlaubt? Ist der Vater nie unzufrieden mit euch?

Aufgabe. *Der Herr bei der Postkutsche erzählt,
woher er kommt, wohin er geht, und anderes über seine
Reise.*

47.

Hugo ist bei seiner Tante **Sophie** in den Ferien
gewesen. Er erzählt uns, was er auf seiner Reise
gethan und was er gesehen hat.

„Als ich mit der **Eisenbahn** von hier wegfuhr,
war es noch sehr früh. Die Uhr des Kirchturmes
schlug **gerade halb** sechs Uhr, als der **Zug** abfuhr.
Von der **Station,** wo ich **eingestiegen** war, musste
ich zwei und drei*viertel* **Stunden** fahren. Ich sah
nicht viel, da es noch **dunkel** war. Der Zug fuhr
zwischen Wiesen und Feldern **hindurch;** manchmal
kamen wir an einem kleinen Dorfe vorbei, aber
nie an einer grösseren Station, bis wir in der Stadt
anlangten, wo meine Tante wohnt. Es giebt dort
keine Bauernhäuser, **sondern** nur grosse Wohn-
häuser, **Läden,** Schulen, Kirchen, einen **Bahnhof,** ein
Theater und ein **Rathaus.**

Als ich aus dem Zuge stieg, sah ich Tante
Sophie, die im Bahnhofe auf mich **wartete.** Wir
waren so glücklich, einander wiederzusehen! Wir
gingen aus dem Bahnhofe heraus auf eine breite
Strasse. Auf der rechten Seite dieser Strasse sah
ich ein schönes **Gebäude.** Tante Sophie sagte, es
sei das Rathaus. Vom Turme einer hohen Kirche
herab schlug es gerade halb neun Uhr, als wir
beim Rathause vorbeigingen. Links von der Strasse
waren noch einige schöne Gebäude; ganz nahe ein
Knabenschulhaus, weiter **oben** ein Mädchenschul-
haus und ein **Hospital** und ganz weit **unten** das

Theater. In vielen Häusern sind Läden, wo man sehr schöne **Sachen kaufen** kann. Die schönsten dieser Sachen liegen hinter den **Schaufenstern.**

Fragen. Was ist der Bahnhof? Ist der Bahnhof unserer Stadt im Osten oder im Westen, im Süden oder im Norden derselben? Was geht vom Bahnhofe aus? Wie viele Züge kommen täglich an? Wie viele Züge gehen täglich ab? Sind in den Dörfern auch Bahnhöfe? Reist man mit der Post oder mit der Eisenbahn schneller? Gehen auch Eisenbahnen auf die Berge hinauf? Auf welchen zum Beispiel?

Wo steigt man in den Eisenbahnzug? Wo steigt man aus? Sitzen oder stehen die Reisenden in den Eisenbahnwagen? Worauf sitzt man? Kann man auch zu dem Eisenbahnwagen hinausschauen? Wodurch? Wann zieht man die Fenster der Eisenbahnwagen herauf? Wann lässt man sie herunter?

Welche grossen Gebäude finden wir in einer Stadt? Geht ihr auch ins Theater? Wie oft? Was habt ihr schon *spielen sehen?* Wer ist im Hospitale? Wer geht zu den Kranken, die im Hospitale liegen? Wo können die Kranken des Hospitals beim schönen Wetter spazieren gehen, wenn sie aus dem Hause gehen dürfen?

Was sind zu beiden Seiten der Strassen der Stadt? Was kauft man in den Läden? In welchen Läden kauft man Brot? Fleisch? Schuhe? Was kauft man in Eisenläden? Hutläden? Wo liegen die schönsten Sachen, die man in einem Laden kaufen kann? Wie sind diese Fenster? Warum?

Was thun die Reisenden, wenn der Zug dort angelangt ist. wohin sie gehen wollen? Was thun sie, wenn der Zug, mit welchem sie wegfahren

wollen, noch nicht im Bahnhofe ist? Wo wartet man
auf den Vater, der mit dem Zuge kommen wird?

Wie viele halbe Äpfel braucht es zu einem
ganzen? Wird es mehr als halb fünf Uhr, bis ihr
am Nachmittag aus der Schule nach Hause kommt?
am Mittag mehr als halb *eins*? Jetzt ist es acht
Uhr und zwanzig Minuten; wie spät ist es in zehn
Minuten? Wie viele Minuten hat eine Stunde? eine
halbe Stunde? eine Viertelstunde? Was sind 30
Minuten? 15 Minuten? Der wievielte Teil einer
Stunde sind 10 Minuten? 20 Minuten? 15 Minuten?
12 Minuten? 3 Minuten?

Wie viele Stunden geht ihr täglich in die
Schule? Wie viele Stunden am Vormittag? wie
viele am Nachmittag? Wie viele Stunden hat ein
Tag? Wie viele Stunden ist es nach — ? Wann ist
es dunkel? Ist es dunkel, wenn die Sonne am
Himmel steht? Um wie viel Uhr wird es jetzt am
Abend dunkel? Wer von euch hat dunkle Augen?
dunkle Kleider?

Wie lange bleibt ihr hier? Was sieht man von
hier aus? Wohin gelangt man von hier aus in
weniger als einer Stunde? Wohin gelangt man
von hier aus, wenn man nach Osten geht? Wer
ist nicht gerade gross? nicht gerade alt? nicht gerade klein? Was ist nicht gerade schön? nicht gerade hoch? Sind die Hennen kleiner als die Hähne?
Was ist oben auf dem Berge? unten, am Fusse des
Berges? oben auf den Bauernhäusern?

aber und sondern.

Der erste Hauptsatz bejaht:

1. Er kam, *aber* seine Frau kam nicht.
2. Heinrich isst viel, *aber* Paul isst wenig.
3. Es regnet, *aber* bald scheint die Sonne wieder.

Der erste Hauptsatz verneint:

1. Er kam nicht, { *aber* seine Frau kam.
{ *sondern* blieb zu Hause.

2. Er isst nicht viel, { *aber* er ist auch nicht hungrig.
{ *sondern* ist mit wenig zufrieden.

3. Es regnet nicht, { *aber* bald wird es regnen.
{ *sondern* es schneit.

Aufgabe. *Hugo schreibt einen Brief an seine Tante, worin er von der Heimreise erzählt und ihr für die schönen Tage in ihrem Hause dankt.*

48.

Ich *stellte* so viele *Fragen* an die Tante, dass sie nicht alle **beantworten** konnte. Ich wollte wissen, wo ihr Haus sei; ich fragte, ob es so gross und schön sei wie der **Gasthof,** an dem wir vorbeikamen. Sie antwortete: „Nein, so gross ist es nicht." **Endlich** langten wir in einer Strasse an, wo **einfache** kleine Häuser standen. Tante Sophie fragte mich: „Welches, glaubst du, ist das **meinige?**" Ich sagte: „Ich weiss es nicht." Als sie aber vor einer Gartenthüre stehen blieb, wusste ich, dass es das **ihrige** war. Wir gingen hinein. Die Kinder meiner Tante, meine Vettern und **Cousinen** (oder **Basen**) grüssten mich freundlich. Sie wollten mir **sogleich** die ganze Stadt zeigen. Ich wäre gern mit ihnen in die Stadt gegangen, wenn meine Tante das erlaubt hätte. Sie sagte aber, wir könnten am Nachmittage mit einander gehen, und das thaten wir dann auch. Wir gingen am Nachmittag bis zum Bahnhofe **zurück** und **schauten** die schönen Sachen **an,** die **überall** zu sehen waren. Wir gingen in einen Laden, wo man **Spiel**sachen **verkaufte.**

Dort kaufte mir die Tante ein neues Spiel. Ich hätte gern viele Sachen für euch gekauft, als **Geschenke** für **Weihnachten;** aber sie **kosteten** so viel **Geld,** dass ich sie nicht kaufen konnte; ich war nicht **reich genug;** das **Christkindlein** kann sie also nicht unter den **Christbaum** legen.

Fragen. Wer **steigt** in den Gasthöfen **ab?** Sind in den kleineren Dörfern auch Gasthöfe? Auf welchen Bergen sind grosse Gasthöfe? Wann sind viele Reisende in diesen Gasthöfen? Ist in unsrer Stadt ein Gasthof zum Schiff? ein Gasthof zum Ochsen?

Was ist der Sohn deines Onkels für dich? der Sohn deiner Tante? die Tochter deines Onkels? die Tochter deiner Tante? Wer macht Spiele? Wie sind die Kinder, welche Spiele machen? Wer beantwortet die Fragen des Lehrers? Wer beantwortet sie nicht?

Weisst du, wie viele Leute in unsrer Stadt wohnen? welches die schönste Stadt der Schweiz ist? welches die grösste Stadt von Europa ist? Wisst ihr, woraus man das Mehl macht? den Wein bereitet? den Most? wie die vier Jahreszeiten heissen? die sieben Wochentage? ob ich mit euch zufrieden bin oder nicht?

Wer verkauft Fleisch? Brot? Mehl? Äpfel und Birnen? Was kostet viel Geld? wenig Geld? viel Arbeit? wenig Arbeit? Wann kehrt ihr nach Hause zurück? Wann könnt ihr wieder zurück sein, wenn ihr nach — geht? Wie ist das Kind, welches sogleich thut, was ihm die Eltern sagen? Wer ist im Deutschen zurück? Wer ist im Deutschen weit **voran?** Liegt die Stadt unsres Winterbildes im Vordergrunde oder im Hintergrunde? Woran lehnt sie sich?

Zeigt mir einen Turm, der höher ist als die Häuser der Stadt! Wo seht ihr einen grossen, aber nicht sehr hohen Turm? Was trägt der Mann, welcher rechts von diesem Turme geht? Wann steht die Familie um den Christbaum? Was liegt darunter? Wer hat, wie die kleinen Kinder meinen, die Geschenke dorthin gelegt?

Aufgabe. *Der kleine Paul erzählt uns früh am 25. Dezember über den* **heiligen** *Abend: wer dort war, was für Geschenke man ihm gegeben hat u. s. w.*

Wiederholung der Wörter in den Nummern 41—48.

1. Was ist oder sind das Eis? der Rand? ein Schneeball? der Mantel? der Gasthof? ein Reisender? die Gamaschen? der Metzger? eine Flocke? das Schaufenster? das Rathaus? der Huf? der Schlittschuhläufer? die Cousine (Base)? die Minute? das Hospital? der Kutscher? ein Geschenk? der Vetter? ein Gebäude? der Doktor?

2. Wer oder was ist gefroren, hart, glatt, weiss, weit, einfach, dunkel, neu, bitter, leicht, dick? Wie ist der Stein? die Eisbahn? das Eis? der frischgefallene Schnee? die Arznei?

3. Wer oder was hat Eis? einen Rand? einen Tornister? einen Besen? einen Mantel? viel Geld? Schlittschuhe? eine Tabakspfeife? Spielsachen? ein Hufeisen? Unglück? einen Christbaum? Schaufenster? Koffer? Beine? sechzig Minuten? eine Zigarre? dreissig Minuten? eine Uhr? einen Huf? fünfzehn Minuten?

4. Wer oder was gefriert? gleitet? fällt nicht um? fällt um? friert? verkauft? steigt ein? fährt? klingt? läuft Schlittschuh? staubt ab? lässt das

Eis brechen? gleitet auf der Eisbahn dahin? verschwindet schnell? fliegt schnell? springt schnell? trägt den Soldaten? bildet die Herde? bedeckt im Winter die Erde? schaufelt den Schnee? bewegt sich schnell? liegt unter dem Christbaum?

Wer oder was schaut die Hefte der Schüler an? kostet Geld? kostet kein Geld? bekleidet im Frühling die Erde? beantwortet Fragen? bringt die Reisenden von Dorf zu Dorf, von Stadt zu Stadt? raucht Zigarren? ist auf dem Bocke? leitet die Pferde? verliert seine Zeit? hängt an dem Nagel? trinkt die Arznei? schlägt auf den Ambos? formt das Eisen? weiss nicht viel? beschlägt die Pferde? **zeigt** die Stunde **an?** fliegt leicht?

5. Wen oder was bedeckt der Schnee im Winter? die Gamaschen? drückt der Tornister? nehmen die Kranken ein? schmiedet der Schmied? brauchen die Menschen im Winter? drückt die Menschen im Sommer? hängt man an den Nagel? isst man mit dem Löffel? macht man aus Eisen? aus Eisen und Holz?

Was bedeckt den Kopf der Schnitter? verkauft der Bäcker? der Müller? der Bauer? reinigt die Magd? nagelt der Hufschmied an? bringt das Christkindlein? schlägt man auf den Nagel? bedeckt das Eis im Winter? legt man auf den Ambos? formt der Schmied? antworten die Schüler? glaubt das kleine Kind? rauchen die Herren? schenkt man in ein Glas ein?

6. Was thut man im Teiche? auf dem Teiche? morgens? abends? leicht? auf dem Eise? mit dem Gelde? mit der Arznei? auf der Eisbahn? mit dem Löffel? Was thut der Schlittschuhläufer? das Christkindlein? Was thut der Schlittschuhläufer, wenn er gefallen ist?

7. Wer oder was ist im Teiche? auf dem Eise? unter dem Eise? im Tornister? unter dem Christbaum? im Bahnhofe? auf der Postkutsche? auf der Eisbahn? in der Pfeife? hinter dem Schaufenster? in der Eisbahn? in der Flasche? im Sommer auf der Strasse? in der Schmiede? auf dem Schlitten? im Hospitale? in einem Laden? in der Postkutsche? im Gasthofe? im Glase? in dem Koffer?

8. Wo ist oder sind ein Teich? ein Rathaus? der Schlittschuhläufer? der Tornister? das Loch? die Möbel? ein Haufen Garben? ein Schaufenster? schöne Gebäude? der Sessel? die Arznei? die Uhr? der Staub? der Ambos? der Ofen? Eis? der Schlitten im Sommer? der Christbaum? ein Hospital? der Kutscher? eine Eisbahn? der Gasthof? eine Station? das Hufeisen?

Wo befestigt man die Schlittschuhe? gleiten die Schlittschuhläufer dahin? wartet man auf die Reisenden, welche mit dem Zuge anlangen? steckt die Tabakspfeife? schaufelt man den Schnee? steigen die Reisenden ein? langen die Reisenden an? kauft man Spielsachen? arbeitet der Hufschmied? formt der Schmied das Eisen?

Wohin gehen die Schlittschuhläufer? die Reisenden? die Züge? fahren die Knaben auf ihren Schlitten? setzen sich die Vögel? steigen die Reisenden ein? setzen wir uns? nimmt man den Pflug? das Gewehr? den Sonnenschirm? die Butte? das Heft? den Wagen? das Buch? den Krug? die Sense? legt man die Weihnachtsgeschenke für kleine Kinder? die schönsten Sachen eines Ladens?

Wovon ist der Rand ein Teil? der Boden? die Minute? das Schaufenster? der Bahnhof? die Viertelstunde? der Bock? der Huf? die Schmiede?

Winter.

der Laden? die Stunden? der Eisenbahnwagen? die Ecke?

Woran friert man im Winter? bindet man die Ziegen? kann man sich festhalten? nagelt der Schmied das Hufeisen? Wie viele Beine hat der Mensch? der Sessel? der Vogel? der Hund? Woher kommen die Lawinen? der Tabak? die Reisenden? Womit drücken die Knaben den Schnee? schaufelt man den Schnee? halten wir den Löffel? stauben wir die Möbel ab? hält man den Hammer? Woraus sind die Schlittschuhe gemacht? der Tabak? der Nagel? die Flasche? die Sense? die Schlitten?

9. Wann ist der Teich gefroren? bricht das Eis? ist der Schneeball hart? bringt das Christkindlein den Kindern viele schöne Sachen? frieren wir? gleiten die Schlittschuhläufer auf der Eisbahn dahin? brauchen wir den Löffel? heizt man die Zimmer? brauchen die Menschen warme Kleider? gefrieren die Bäche? ist man im Hospitale?

10. *Gegenteil von* umfallen, weich, zurück, beantworten, oben, immer, bitter, schwer, vorn, aussteigen, neu, nie, süss, im Hause, hart, aufstehen, fragen. aus, unten, alt, ab, leicht, einsteigen, auf, draussen.

———

Die Wortbildung im bekannten Wortschatze.

A. Wörter werden zusammengesetzt.

I. Abendessen	Apfelbaum	Bäckerladen
Bahnhof	Birnbaum	Buchstabe
Christbaum	Deutschland	Dreschflegel
Eisbahn	Eisenbahn	Frankreich
Frühstück	Fussweg	Gasthof
Grossmutter	Grossvater	Handschuh

Haustier	Hintergrund	Hufeisen
Hufschmied	Kirchturm	Kirschbaum
Kornblume	Mahlzeit	Mittag
Mittagessen	Mittwoch	Nachmittag
Postkutsche	Regentropfen	Schaufenster
Schlittschuh	Schneeball	Schornstein
Spaziergang	Spielsache	Spielzeug
Staubtuch	Vordergrund	Vormittag
Weinberg	Weinrebe	Windmühle
Wohnzimmer	Zugvogel	

II. Augenblick   Bauernhaus   Bienenkorb
     Schwalbennest Sonnenschirm

III. Arbeitstag   Dienstag   Donnerstag
      Herzenslust   Jahreszeit   Kleidungsstück
      Samstag   Tabakspfeife

B. Wörter werden von einander abgeleitet.

I. fliegen: Flügel   fliessen: Fluss
   gehen: Gang   mahlen: Mehl, Mühle
   schliessen: Schluss   schneien: Schnee
   ziehen: Zug

II. Arbeit: arbeiten   Antwort: antworten
   Bild: bilden   Blüte: blühen
   Egge: eggen   Frage: fragen
   Futter: füttern   Gruss: grüssen
   Jagd: jagen   Kleid: kleiden
   Liebe: lieben   Nagel: nageln
   Pflanze: pflanzen   Pflug: pflügen
   Presse: pressen   Rauch: rauchen
   Regen: regnen   Reise: reisen
   Schmied: schmieden   Schnee: schneien
   Spiel: spielen   Staub: abstauben
   Stelle: stellen   Weide: weiden

III. fest: befestigen   gleich: gleichen
    kalt: erkälten   lieb: lieben
    offen: öffnen   trocken: trocknen

IV. (mit Vorsilbe ge-)
    a) bauen: Gebäude   schenken: Geschenk
       schreien: Geschrei   sehen: Gesicht
    b) Schwester: Geschwister   Wetter: Gewitter

V. (mit —*ung*)
   einladen: Einladung   kleiden: Kleidung.

VI. (mit —*er* männlich und —*in* weiblich)
   Bäcker: backen   Bauer, Bäuerin: bauen
   Drescher, Drescherin: dreschen   Enkelin: Enkel
   Fleischer: Fleisch   Freundin: Freund
   Jäger: jagen   Kutscher: Kutsche
   Lehrer, Lehrerin: lehren   Metzger: metzgen
   Müller: Mühle, mahlen   Schnitter, Schnitterin: schneiden
   Schüler, Schülerin: Schule Städter, Städterin: Stadt
   Winzer, Winzerin

VII. (*Verkleinerungswörter* in —*chen* und —*lein)*
   a) Bäumchen: Baum   Entchen: Ente
       Mädchen: Magd, Maid   Männchen: Mann
       Strässchen: Strasse   Weibchen: Weib
   b) Blümlein: Blume   Fräulein: Frau
       Kindlein: Kind   Vöglein: Vogel

VIII. *a)* gross: Grösse   gut: Güte   hoch: Höhe
        kalt: Kälte   lang: Länge   lieb: Liebe
        nahe: Nähe   stark: Stärke warm: Wärme
    b) früh: Frühling   schön: Schönheit

IX. (Adjektive in —*lich* und —*ig)*
   a) bläulich: blau   endlich: Ende
       freundlich: Freund   glücklich: Glück
       herzlich: Herz   nützlich: Nutzen
       rötlich: rot   täglich: Tag
   b) fleissig: Fleiss   hungrig: Hunger
       neugierig: Neugier   schattig: Schatten

X. (Adjektive mit —*un)*
   unartig   unaufmerksam   unglücklich
   unnütz   unreif   unsauber
   unzufrieden

XI. (Adverben in —*s)*
   abends   morgens   links   rechts   nirgends

Gedichte.

Zu 15.   **1. Der Vogel am Fenster.**

Ans Fenster klopft es: Pick, pick, pick!
Macht mir doch auf einen Augenblick!
Dicht fällt der Schnee, der Wind weht kalt,
Ich habe kein Futter, erfriere bald.
Ihr lieben Leute, o lasst mich ein,
Ich will auch immer recht artig sein.
Sie liessen ihn ein in seiner Not.
Er suchte sich manches Krümchen Brot,
Blieb fröhlich manche Woche da,
Doch als die Sonne durchs Fenster sah,
Da sass er immer so traurig dort.
Sie machten ihm auf — husch, war er fort.

Wilhelm Hey.

Zu 16.   **2. Vöglein und Blümlein.**

Vöglein im hohen Baum,
Klein ist's, man sieht es kaum;
     Singt doch so schön,
Dass wohl von nah und fern
Alle. die Leute gern
     Horchen und stehn.

Blümlein im Wiesengrund
Blühen so lieb und bunt,
     Tausend zugleich:
Wenn ihr vorüber geht,
Wenn ihr die Farben seht,
     Freuet ihr euch.

Zu 19.   **3. Die Schönheit der Erde.**

Wie ist doch die Erde so schön, so schön;
Das wissen die Vögelein!
Sie heben ihr leichtes Gefieder
Und singen so fröhliche Lieder
In den blauen Himmel hinein.

Wie ist doch die Erde so schön, so schön;
Das wissen die Flüsse und Seen!
Sie malen in klarem Spiegel
Die Gärten, die Städte, die Hügel,
Und die Wolken, die drüber geh'n.

Die Sänger und Maler, die wissen es,
Und Kinder und andere Leut'!
Und wer es nicht malt, der singt es,
Und wer es nicht singt, ja, dem klingt es
In dem Herzen vor lauter Freud'!   *Reinick.*

Zu 21.   **4. Der Mond und die Sterne.**

Wer hat die schönsten Schäfchen?
        Die hat der goldne Mond,
Der hinter unsern Bäumen
        Am Himmel drüben wohnt.

Er kommt am späten Abend,
        Wenn alles schlafen will,
Hervor aus seinem Hause
        Zum Himmel leis' und still.

Dann weidet er die Schäfchen
        Auf seiner blauen Flur,
Denn all' die weissen Sterne
        Sind seine Schäfchen nur.

Sie thun sich nichts zuleide,
        Hat eins das andre gern,
Und Schwestern sind und Brüder
        Da droben Stern an Stern.
                    Hoffmann von Fallersleben.

Zu 23.   **5. Pferd und Füllen.**

„Springe nur, Füllen, mein fröhlich Kind,
Her und hin, hurtig wie der Wind.
Bist noch ein Weilchen frank und frei;
Wirst du einst gross, dann ist's vorbei;
Hast dann Müh' und Arbeit genug,
Trägst den Reiter, ziehst den Pflug."

Das Füllen sprang mit frohem Sinn
So hurtig neben der Mutter hin,
Und durfte spielen und scherzen bloss;
So wird es gar schön und stark und gross.
Dann hab' ich's gesehen nach drei Jahren,
Da konnt' es den schwersten Wagen fahren.

Güll.

Zu 25.   **6. Das Tröpflein.**

Tröpflein muss zur Erde fallen,
    Muss das zarte Blümlein letzen,
Muss mit Quellen weiter wallen,
    Muss das Fischlein auch ergetzen,
Muss im Bach die Mühle schlagen,
    Muss im Strom die Schiffe tragen:
Und wo wären denn die Meere,
    Wenn nicht erst das Tröpflein wäre?

Wilhelm Hey.

Zu 27.   **7. Am Abend.**

Müde bin ich, geh' zur Ruh',
Schliesse beide Äuglein zu:
Vater, lass die Augen Dein
Über meinem Bette sein.

Hab' ich unrecht heut' gethan,
Sieh es, lieber Gott, nicht an.
Vater, hab' mit mir Geduld
Und vergieb mir meine Schuld.

Alle, die mir sind verwandt,
Herr, lass ruh'n in Deiner Hand;
Alle Menschen, gross und klein,
Sollen Dir befohlen sein.   *Luise Hensel.*

Zu 29.   **8. Hänslein.**

Unser Hans   Denkt: Ich kann's!
    Kann pfeifen und singen
    Und klettern und springen
    Den lieben langen Tag.
Aber heut,   Sagt nur, ihr Leut',
Was unserm Hänschen fehlen mag.

Armer Tropf,   Hängt den Kopf,
   Mag nicht pfeifen und singen,
   Nicht klettern und springen;
   Zieht sein Stirnlein kraus,
Seufzt und spricht: „Wären nur nicht
   Schon morgen meine Ferien aus!“

Hänselein,   Lerne fein!
   Das Pfeifen und Singen,
   Das Klettern und Springen,
   Ist leicht, und jeder kann's;
Aber wer   Nicht mehr kann, der —
   Bleibt ewig ein dummer Hans.   *Scherer.*

Zu 32.   **9. Das unfolgsame Häschen.**

Häschen sass im Grase,
Hob seine kleine Nase
Und sprach: „Heut' ist es gar so schön,
Ich werde doch spazieren gehn.“ —

Da kam des Häschens Mutter,
Die brachte grünes Futter
Und bat: „Ach Häschen, geh nicht aus,
Denn heute ist der Jäger drauss!“

„Der Jäger?“ fragt das Häschen, —
„Ach ja, der schoss das Bäschen
Und schoss dir auch den Onkel tot,
Und bringt uns allen grosse Not.“ —

Die Mutter ging, das Häschen
Hob wieder auf sein Näschen;
Es sprach: „Ich geh' ein Stündchen nur
Spazieren auf der grünen Flur.“ —

Der Jäger hat's entdecket;
Er schoss, da floh erschrecket
Das unfolgsame Kind; zum Glück
Kam es noch heil ins Nest zurück.

Und nie mehr steckt das Häschen
Neugierig aus sein Näschen;
Jetzt horcht es auf sein Mütterlein.
Und wird gar brav und folgsam sein.

                           Leitenberger.

Zu 34.   10. Der Drache.

O wie steigt der Drache hoch!
Leute, kommt und seht ihn doch!
    Fliegt   da pfeilgeschwinde
    Wiegt   Sich hoch im Winde
    Ach!   Da schwankt er!
    Krach!   Da hangt er
Hoch im Baume droben.

Steigt das Büblein auf den Baum,
O so hoch, man sieht es kaum!
    Hüpft   Von Ast zu Ästchen
    Schlüpft   Zum Vogelnestchen.
    Ui!   Da lacht es
    Hui!   Da kracht es.
Plumps, da liegt es drunten.   *Scherer.*

Zu 38.   11. Das Korn.

Der Bauer baut mit Müh' und Not
Das Korn für unser täglich Brot;

Zum Müller wird das Korn gebracht
Und feines Mehl daraus gemacht;

Der Bäcker nimmt das Mehl ins Haus
Und bäckt im Ofen Brot daraus;

Die Mutter streicht noch Butter drauf,
Und wir? — wir essen alles auf.   *Hästers.*

Zu 40.   12. Spatz und Katze.

„Wo wirst du denn den Winter bleiben?"
    Sprach zum Spätzchen das Kätzchen.
„Hier und dorten, aller Orten,"
    Sprach gleich wieder das Spätzchen.

„Wo wirst du denn zu Mittag essen?"
    Sprach zum Spätzchen das Kätzchen.
„Auf den Tennen mit den Hennen,"
    Sprach gleich wieder das Spätzchen.

„Wo wirst du denn die Nachtruh' halten?"
    Sprach zum Spätzchen das Kätzchen.
„Lass dein Fragen, will's nicht sagen,"
    Sprach gleich wieder das Spätzchen.

„Ei, sag' mir's doch, du liebes Spätzchen!"
    Sprach zum Spätzchen das Kätzchen.
„Willst mich holen — Gott befohlen!"
    Fort flog eilig das Spätzchen.

Hoffmann von Fallersleben.

Zu 43.   **13. Vom Büblein auf dem Eis.**

Gefroren hat es heuer
    Noch gar kein festes Eis.
Das Büblein steht am Weiher
    Und spricht so zu sich leis':
„Ich will es einmal wagen:
Das Eis, es muss doch tragen."
        Wer weiss?

Das Büblein stampft und hacket
    Mit seinen Stiefelein.
Das Eis auf einmal knacket,
    Und krach! schon bricht's hinein.
Das Büblein platscht und krabbelt
Als wie ein Krebs, und zappelt
        Mit Arm und Bein.

„O helft, ich muss versinken
    In lauter Eis und Schnee;
O helft, ich muss ertrinken
    Im tiefen, tiefen See!"
Wär' nicht ein Mann gekommen,
Der sich ein Herz genommen,
        O weh!

Der packt es bei dem Schopfe
    Und zieht es dann heraus,
Vom Fusse bis zum Kopfe
    Wie eine Wassermaus.
Das Büblein hat getropfet,
Der Vater hat geklopfet
        Es aus
        Zu Haus.   *Güll.*

Zu 45.   **14. Die Uhr.**

„Tick, tack! Tick, tack! Ührchen du,
Hältst du denn gar keine Ruh?"

„Nein, niemals darf ich stille stehn,
Muss schlagen, wenn's Zeit, zur Schule zu gehn;

Den Mittag muss ich laut ansagen,
Dann freu'n sich die Kinder mit hungrigem Magen;

Und abends, wenn alle müde sind,
Muss ich rufen: 's ist Zeit! Zu Bette geschwind!"

Erich.

15. Die Mäuschen.

In unserem Häuschen
Sind schrecklich viel Mäuschen;
Sie pfeifen und rappeln,
Sie trippeln und trappeln,
In Kisten und Schränken,
Auf Tischen und Bänken;
Sie stehlen und naschen,
Und will man sie haschen:
Husch, sind sie fort.

16. Vom dummen Hänschen.

Hänschen will ein Tischler werden, ist zu schwer der Hobel.
Schornsteinfeger will er werden, doch das ist nicht nobel.
Hänschen will ein Bergmann werden, mag sich doch nicht
         bücken.
Hänschen will ein Müller werden, doch die Säcke drücken.
Hänschen will ein Weber werden, doch das Garn zer-
         reisst er.
Immer, wenn er kaum begonnen, jagt ihn fort der Meister.
Hänschen, Hänschen, denke dran, was aus dir noch werden
         kann!
Hänschen will ein Schlosser werden, sind zu heiss die
         Kohlen.
Hänschen will ein Schuster werden, sind zu hart die Sohlen.
Hänschen will ein Schneider werden, doch die Nadeln
         stechen.
Hänschen will ein Glaser werden, doch die Scheiben
         brechen.

Hänschen will Buchbinder werden, riecht zu sehr der
    Kleister.
Immer, wenn er kaum begonnen, jagt ihn fort der Meister.
Hänschen, Hänschen, denke dran, was aus dir noch werden
    kann!
Hänschen hat noch viel begonnen, brachte nichts zu Ende.
Drüber ist die Zeit verronnen, schwach sind seine Hände.
Hänschen ist nun Hans geworden, und er sitzt voll Sorgen,
Hungert, bettelt, weint und klaget abends und am Morgen:
„Ach, warum nicht war ich Dummer in der Jugend fleissig?
Was ich immer auch beginne — dummer Hans nur heiss
    ich —
Ach, nun glaub' ich selbst daran, dass aus mir nichts
    werden kann!"   .   *R. Löwenstein.*

17. Drei Paare und Einer.

Du hast zwei Ohren und *einen* Mund;
    Willst du's beklagen?
Gar vieles sollst du hören und
    Wenig d'rauf sagen.

Du hast zwei Augen und *einen* Mund;
    Mach' dir's zu eigen!
Gar manches sollst du sehen und
    Manches verschweigen.

Du hast zwei Hände und *einen* Mund;
    Lern' es ermessen!
Zwei sind da zur Arbeit und
    Einer zum Essen.   *Rückert.*

18. Gute Nacht.

Gute Nacht!
Allen Müden sei's gebracht.
Neigt der Tag sich still zum Ende,
Ruhen alle fleiss'gen Hände,
Bis der Morgen neu erwacht.
Gute Nacht!

Geht zur Ruh'!
Schliesst die müden Augen zu!
Stille wird es auf den Strassen,
Nur den Wächter hört man blasen,
Und die Nacht ruft allen zu:
Geht zur Ruh'!

Gute Nacht!
Schlummert, bis der Tag erwacht,
Schlummert, bis der neue Morgen
Kommt mit seinen neuen Sorgen,
Ohne Furcht, der Vater wacht.
Gute Nacht!   *Körner.*

Grammatik.

I. Der Artikel.

1. Der **bestimmte** Artikel:

Singular	männlich	weiblich	sächlich *
Nominativ **	der	die	das
Akkusativ	den	die	das
Genetiv	des	der	des
Dativ	dem	der	dem

Plural			
Nominativ		die	
Akkusativ		die	
Genetiv		der	
Dativ		den	

2. Der **unbestimmte** Artikel:

	männlich	weiblich	sächlich
Nominativ	ein †	eine †	ein †
Akkusativ	einen	eine	ein
Genetiv	eines	einer	eines
Dativ	einem	einer	einem

† aber einer (eines oder eins), wenn es allein steht (1, 12).

II. Das Substantiv.

1. Man teilt die Substantive nach ihrer Pluralform in *vier Klassen:* die in der 1., 2. und 3. heisst man **stark,** die in der 4. **schwach.**

2. Deklination im **Singular:**

a) Nominativ und *Akkusativ* sind gleich (ausser männlich *schwach* [der Knabe, den Knaben]).

---

* männlich, weiblich und sächlich sind die drei *Geschlechter.*
** Nominativ, Akkusativ, Genetiv, Dativ sind die vier *Kasus.*

b) Genetiv:

I. männlich und sächlich:

stark:

einsilbig auf (e)s	der Baum, des Baum(e)s, das Dach, des Dach(e)s;
mehrsilbig auf s	der Birnbaum, des Birnbaums, das Gewehr, des Gewehrs;

männlich:

schwach: auf (e)n (der Knabe, des Knaben);

II. weiblich:

unverändert (die Frau, der Frau),
(ausser Eigennamen auf —e, z. B. Luisens, Mariens).

c) Dativ:

I. männlich und sächlich:

stark:

einsilbig auf e	dem Baume, dem Dache,
mehrsilbig auf (e)	dem Birnbaum, dem Gewehr;

männlich:

schwach: auf (e)n (dem Knaben);

II. weiblich:

unverändert (der Frau).

3. Deklination im **Plural**:

Nominativ, Akkusativ und Genetiv sind gleich. Die Endung des Dativ ist immer —n (z. B. der Mann, den Männern; das Fräulein, den Fräulein).

4. Der Plural der Substantive wird verschieden gebildet:

I. Erste Klasse: nichts wird angefügt.

A.

1. Wörter auf —*el*, —*en*, —*er* (männlich und sächlich):

der Enkel	der Flegel	der Flügel
der Himmel	der Hügel	der Löffel
der Onkel	der Sessel	der Stiefel
das Möbel	das Viertel	

der Brunnen	der Haufen	der Lappen
der Morgen	der Schlitten	der Tropfen
der Wagen	das Füllen	das Vergnügen
das Essen		

der Bäcker	der Drescher	der Finger
der Fleischer	der Jäger	der Keller
der Koffer	der Körper	der Kutscher
der Lehrer	der Metzger	der Müller
der Schnitter	der Schüler	der Sommer
der Städter	der Tornister	der Vetter
der Winter	der Winzer	
das Fenster	das Feuer	das Gewitter
das Messer	das Theater	das Ufer
das Zimmer		

2. *Verkleinerungswörter* (sächlich):

das Bäumchen	das Entchen	das Mädchen
das Männchen	das Strässchen	das Weibchen
das Fräulein	das Kindlein	

3.	das Gebäude	das Gemüse

B. Mit Umlaut.

Wörter auf —*el*, —*en*, —*er* (männlich):

der Apfel	der Mantel	der Nagel
der Schnabel	der Vogel	
der Boden	der Garten	
der Laden	der Ofen	der Kragen
der Bruder	der Hammer	der Vater

die Mutter (weibl.) die Tochter (weibl.)

II. Zweite Klasse: —e wird angefügt.

A.

1. *Einsilbige Wörter* (männlich und sächlich):

der Abend	der Arm	der Berg
der Blick	der Brief	der Freund
der Blitz	der Herbst	der Knecht
der Pult	der Schirm	der Huf
der Schmied	der Schuh	der Star
der Steg	der Stein	der Strick
der Tag	der Teich	der Teil
der Weg	der Wein	der Wind
das Bein	das (Bei)spiel	das Brot

das (Früh)stück	das Heft	das Jahr
das Kinn	das Pferd	das Schiff
das (Spiel)zeug	das Stück	das Tier

das Wort (neben *Wörter*)

2. *Mehrsilbige Wörter* (männlich und sächlich):

der Frühling	der Sperling	der Monat
der Ambos	das Geschenk	das Gewehr
das Adjektiv	das Paket	das Papier

das Substantiv

B. Mit Umlaut:

Einsilbige Wörter (männlich):

der (An)fang	der Arzt	der Ast
der Bach	der Ball	der Bart
der Baum	der Fluss	der Fuss
der Gang	der Grund	der Gruss
der Hahn	der Hals	der Hof
der Huf	der Kopf	der Korb
der Kranz	der Krug	der Pfahl
der Pflug	der Sack	der Satz
der Schluss	der Schwanz	der Sohn
der Stab	der Stall	der Stamm
der Storch	der Strauss	der Strumpf
der Turm	der Zug	

(weiblich):

die Bank	die Frucht	die Gans
die Hand	die Kuh	die Magd
die Nacht	die Schnur	die Stadt

III. Dritte Klasse: —er wird angefügt.

A.

1. *Einsilbige Wörter* (sächlich):

das Bild	das Ei	das Feld
das Geld	das Kind	das Kleid
das Lied	das Nest	

2. *Mehrsilbig:*

das Gesicht

B. Mit Umlaut.

1. *Einsilbige Wörter* (männlich und sächlich):

der Mann	der Rand	der Strauch
der Wald		
das Blatt	das Buch	das Dach
das Dorf	das Glas	das Gras
das Haus	das Holz	das Horn
das Huhn	das Korn	das Kraut
das Lamm	das Land	das Loch
das Rad	das Tuch	das Wort (neben [Worte)

2. *Mehrsilbig:*

das Hospital

IV. Klasse (schwach): —(e)n wird angefügt.

—*n* (weiblich):

die Adresse	die Ähre	die Base
die Biene	die Birne	die Blume
die Bluse	die Blüte	die Butte
die Cousine	die Dame	die Ecke
die Egge	die Eiche	die Ente
die Familie	die Farbe	die Flamme
die Flasche	die Flocke	die Frage
die Gamasche	die Garbe	die Grösse
die Henne	die Herde	die Höhe
die Hose	die Katze	die Kehle
die Kirche	die Klasse	die Küche
die Kufe	die Kutsche	die Lawine
die Minute	die Mühle	die Mütze
die Nase	die Nichte	die Pfeife
die Pflanze	die Presse	die Rebe
die Reise	die Sache	die Scheune
die Schmiede	die Seite	die Sense
die Schule	die Schürze	die Schwalbe
die See	die Sonne	die Stelle
die Strasse	die Wunde	die Suppe
die Tanne	die Tante	die Tasche
die Tenne	die Thüre	die Tinte
die Traube	die Weide	die Weste

10

die Wiese	die Wolke	die Ziege
die Zigarre		
die Feder	die Kartoffel	die Leiter
die Nummer	die Schaufel	die Schwester
die Tafel		

—*en* (weiblich):

die Antwort	die Arbeit	die Arznei
die Einladung	die Eisbahn	die Eisenbahn
die Frau	die Jagd	die Person
die Schönheit	die Station	die Uhr
die Zeit		

—*nen*:

die Bäuerin	die Drescherin	die Enkelin
die Freundin	die Schnitterin	die Städterin
die Winzerin		

—*n* (männlich):

der Drache	der Hase	der Hirte
der Knabe	der Neffe	der Ochse

—*en*:

der Herr	der Kamerad
der Soldat	der Mensch

Unregelmässige Deklination.

Stark im Singular, schwach im Plural.

Gen. —*(e)s;* —*(e)n:*

der Bauer	der Doktor	der See
das Auge	das Bett	das Hemd
das Insekt	das Ohr	das Verb

Gen. —*ens:*

der Buchstabe	der Name

Fremdwörter:

das Datum	*Plural:* die Daten
der Park	*Plural:* die Parks.

Aus dieser Übersicht der Pluralformen schliessen wir
Folgendes:

Einsilbige Wörter:

männlich:	meistens —*e*, mit und ohne Umlaut	(ausser III B. 1).
weiblich:	meistens —*e*, mit Umlaut	(ausser einigen in IV).
sächlich:	—*e* oder —*er*, mit und ohne Umlaut	(ausser den unregelmässigen).

Mehrsilbige Wörter:

männlich und sächlich: } meistens unverändert oder nur mit Umlaut { (ausser Fremdwörtern II A. 2, und III A. 2, und B. 2, und einigen schwachen (IV) und einigen unregelmässigen).

weiblich: meistens —*(e)n* (ausser Mutter, Tochter und den Wörtern auf —*in*).

5. Wenn ein Adjektiv (oder Partizipium) als Substantiv gebraucht wird, wird es dennoch als Adjektiv dekliniert (siehe III, 5).

Nominativ:	das Junge	der Reisende
Akkusativ:	das Junge	den Reisenden
Genetiv:	des Jungen	des Reisenden
Dativ:	dem Jungen	dem Reisenden

III. Das Adjektiv.

1. Das Adjektiv hat drei Formen:

> ohne Kasus-Endung,
> mit „starken" Endungen,
> mit „schwachen" Endungen.

2. Das *prädikative* Adjektiv hat keine Kasus-Endung:

> der Mann ist alt,
> die Frau ist fleissig,
> das Kind ist klein.

3. Das *attributive* Adjektiv hat *starke* oder *schwache* Endungen.

a) die **starken** Endungen sind (ausser im *Sing. Gen.* männlich und sächlich), wie die des bestimmten Artikels (siehe Seite 141).

Singular:	Nominativ	—er	—e	es
	Akkusativ	—en	—e	es
	Genetiv	—en*	—er	en*
	Dativ	—em	—er	em

Plural:	Nominativ	—e
	Akkusativ	—e
	Genetiv	—er
	Dativ	—en

* manchmal —es.

b) die **schwachen** Endungen sind:

Singular:	Nominativ	—e	—e	—e
	Akkusativ	—en	—e	—e

und überall sonst —en.

4. Wenn der Artikel oder sonst ein Wort mit starken Endungen vorausgeht, wird das Adjektiv schwach dekliniert; sonst hat es die starken Endungen, z. B.:

der gute Mann   *aber*   ein guter Mann;
viele kleinen Kinder *aber*   drei kleine Kinder.

Bemerkung. Im *Nominativ* und *Akkusativ* hat das Adjektiv, das auf „einige" folgt, die starken Endungen; z. B.: einige alte Frauen.

5. *Adjektiv als Substantiv* gebraucht: siehe II, 5.

6. Man bildet

den **Komparativ**, indem man —*er* hinzufügt,
den **Superlativ**, indem man —*(e)st* hinzufügt.

In vielen Fällen finden sich Umlaute, z. B.:

der kleine	kleinere	kleinste,
der warme	wärmere	wärmste,
der junge	jüngere	jüngste.

Unregelmässige Komparation:

der grosse	grössere	grösste
der gute	bessere	beste
der hohe	höhere	höchste

IV. Das Verb.

1. Die Verben sind stark oder schwach; einige sind unregelmässig.

a) Bei den **schwachen** Verben bleibt der Vokal im Stamm unverändert. In der ersten und dritten Person Singular im Imperfekt wird te an den Stamm gefügt. Im Partizip der Vergangenheit wird —(e)t an den Stamm gefügt. *

b) Bei den **starken** Verben wird der Vokal im Stamm im Imperfekt und im Partizip der Vergangenheit mehr oder weniger verändert; dies nennt man *Ablaut.*

In der ersten und dritten Person Singular im Imperfekt wird nichts an den Stamm gefügt.

Im Partizip der Vergangenheit wird —en an den Stamm gefügt. *

Verzeichnis der starken Verben in diesem Buche:

Infinitiv	*Imperfekt*	*Partizip d. Vergangenheit*
braten	briet	gebraten
fallen	fiel	gefallen
halten	hielt	gehalten
hangen	hing	gehangen
lassen	liess	gelassen
schlafen	schlief	geschlafen
fahren	fuhr	gefahren
graben	grub	gegraben
laden	lud	geladen
schlagen	schlug	geschlagen
waschen	wusch	gewaschen
laufen	lief	gelaufen
brechen	brach	gebrochen
dreschen	drasch	gedroschen
helfen	half	geholfen
nehmen	nahm	genommen
verbergen	verbarg	verborgen
werfen	warf	geworfen

---

* Die Vorsilbe ge— wird vor das Partizip der Vergangenheit gesetzt, ausser in den Verben mit untrennbarer Vorsilbe, z. B. aussteigen, ausgestiegen; aber erlauben, erlaubt.

essen	ass	gegessen
fressen	frass	gefressen
geben	gab	gegeben
lesen	las	gelesen
sehen	sah	gesehen

gehen	ging	gegangen
stehen	stand	gestanden
schmelzen	schmolz	geschmolzen
stecken	stak	(gesteckt)

bleiben	blieb	geblieben
heissen	hiess	geheissen
scheinen	schien	geschienen
schreien	schrie	geschrien
schreiben	schrieb	geschrieben
steigen	stieg	gestiegen

gleichen	glich	geglichen
gleiten	glitt	geglitten
schneiden	schnitt	geschnitten

binden	band	gebunden
finden	fand	gefunden
klingen	klang	geklungen
singen	sang	gesungen
springen	sprang	gesprungen
trinken	trank	getrunken
verschwinden	verschwand	verschwunden
winden	wand	gewunden

bitten	bat	gebeten
liegen	lag	gelegen
sitzen	sass	gesessen

fliegen	flog	geflogen
fliessen	floss	geflossen
frieren	fror	gefroren
schiessen	schoss	geschossen
schliessen	schloss	geschlossen
verlieren	verlor	verloren
ziehen	zog	gezogen

| kommen | kam | gekommen |

c) Verzeichnis der *unregelmässigen* Verben in diesem
Buche: *Konjunktiv*

bringen	brachte (brächte)	gebracht
brennen	brannte (brennte)	gebrannt
thun	that (thäte)	gethan

(Hülfsverben):

dürfen: *Präs. Ind.:* ich darf, wir dürfen: *Konj.:* ich dürfe.
   Imperfekt Ind.: ich durfte; *Konj.:* ich dürfte.
   Partizip der Vergangenheit: gedurft;
      aber ich habe es thun *dürfen.*

haben: *Präs. Ind.:* ich habe, du hast, er hat, wir haben u.s.w.
   Konj.: ich habe, du habest, er habe u. s. w.
   Imperfekt Ind.: ich hatte; *Konj.:* ich hätte;
   Partizip der Vergangenheit: gehabt.

können: *Präs. Ind.:* ich kann, wir können; *Konj.:* ich könne.
   Imperfekt Ind.: ich konnte; *Konj.:* ich könnte.
   Partizip der Vergangenheit: gekonnt;
      aber ich habe es tragen können.

mögen: *Präs. Ind..* ich mag, wir mögen; *Konj.:* ich möge.
   Imperfekt Ind.: ich mochte; *Konj.:* ich möchte.
   Partizip der Vergangenheit: gemocht;
      aber ich habe es hören mögen.

müssen: *Präs. Ind.:* ich muss, wir müssen; *Konj.:* ich müsse.
   Imperfekt Ind.: ich musste; *Konj.:* ich müsste.
   Partizip der Vergangenheit: gemusst;
      aber ich habe es schreiben müssen.

sein: *Präs. Ind.:* ich bin, du bist, er ist, wir sind, ihr
   seid, sie sind; *Konj.:* ich sei, du seist, er sei,
   wir seien, ihr seiet, sie seien.
   Imperativ: sei oder seien Sie, seid oder seien Sie.
   Imperfekt Ind.: ich war; *Konj.:* ich wäre.
   Perfekt: ich bin gewesen.

werden: *Präs. Ind.:* ich werde, du wirst, er wird, wir
   werden u. s. w.; *Konj.:* ich werde, du werdest,
   er werde u. s. w.
   Imperfekt Ind.: ich wurde; *Konj.:* ich würde.
   Perfekt: ich bin geworden;
      aber ich bin gelehrt worden.

2. Die Endungen des *Präsens* sind:

		Indikativ	*Konjunktiv*
Sing.	1.	—e	—e
	2.	—(e) st *	—est
	3.	— (e) t †	—e
Plur.	1.	—en	—en
	2.	—(e) t †	— et
	3.	—en	—en

Bemerkung. Bei folgenden Verben wird der Vokal des Stammes in der zweiten und dritten Person Singular verändert:

> *a* wird zu *ä:*

braten, fahren, fallen, graben, halten, hangen, laden, lassen, schlafen, schlagen, waschen;

> *au* wird zu *äu:*

laufen;

> *e* wird zu *i:*

brechen, dreschen, essen, fressen, helfen, nehmen (du nimmst), verbergen, werfen;

> *e* wird zu *ie:*

geben, lesen, sehen.

3. Im *Imperativ* gebraucht man nur die zweite Person. Im Singular wird —e an den Stamm der schwachen Verben gefügt, manchmal auch an den der starken. Bei höflicher Anrede steht die dritte Person des Plural Präs. Indikativ mit Umstellung von Subjekt und Prädikat. Z. B. zweite Person Singular: „komm(e)“ oder „kommen Sie“; zweite Person Plural: „komm(e)t“ oder „kommen Sie“.

Bemerkung. Die Verben, welche in der zweiten Person Singular Indikativ *e* in *i* oder *ie* verwandeln, behalten in der zweiten Person Singular des Imperativs diese Form bei; z. B. brich, nimm, gieb.

4. Die Endungen des *Imperfekts* sind:

		Indikativ		*Konjunktiv*	
		stark	schwach **	stark ††	schwach **
Sing.	1.	—	—te	—e	—(e) te
	2.	—st	—(e)test	—est	—(e)test
	3.	—	—(e)te	—e	—(e)te

---

* —*est*, wenn der Stamm auf *s* oder *z* endigt.

† —*et*, wenn der Stamm auf *t* oder *d* endigt.

** —*ete* u. s. w., wenn der Stamm auf *t* oder *d* endigt; z. B. ich arbeitete.

†† mit Umlaut, wenn der Vokal es zulässt; z. B. ich käme.

Plur. 1. —en —(e)ten —en —(e)ten
2. —et —(e)tet —et —(e)tet
3. —en —(e)ten —en —(e)ten

5. Man bildet das *Partizip der Gegenwart*, indem man —*end* an den Stamm fügt. Für die Bildung des *Partizip der Vergangenheit* siehe 1 (*a*) und (*b*).

6. Die übrigen Teile des Verbs werden mit Hülfsverben gebildet:

I. Das *Perfekt* (Indikativ und Konjunktiv);

Präsens von
(Ind. u. Konj.) $\left. \begin{array}{c} \textit{haben} \\ \text{oder} \\ \textit{sein}^* \end{array} \right\}$ + Partizip der Vergangenheit

ich habe gelehrt,
ich bin (sei) gekommen.

II. Das *Plusquamperfekt* (Indikativ und Konjunktiv):

Imperfekt von
(Ind u. Konj.) $\left. \begin{array}{c} \textit{haben} \\ \text{oder} \\ \textit{sein}^* \end{array} \right\}$ + Partizip der Vergangenheit

ich habe (hätte) gelehrt,
ich war (wäre) gekommen.

III. Das *Futur* (Indikativ und Konjunktiv):

Präsens
(Ind. u. Konj. von werden + Infinitiv

ich werde lehren.

IV. Der *Futur der Vergangenheit:*

Präsens von *werden* + Infinitiv der Vergangenheit,
ich werde gelehrt haben.

V. Der *Konditionalis:*

Konditionalis von *werden* + Infinitiv,
ich würde lehren.

VI. Der *Konditionalis der Vergangenheit:*

Kondit. von *werden* + Infinitiv der Vergangenheit,
ich würde gelehrt haben.

7. Das Verb im *Passiv* wird aus dem Hülfsverb *werden* und dem Partizip der Vergangenheit gebildet; als Partizip der Vergangenheit von *werden* gebraucht man *worden* anstatt *geworden*.

---

* Die meisten Verben haben das Hülfsverb *haben*. Verben, welche eine Bewegung bedeuten, haben *sein*; z. B. ich bin gekommen.

Passiv von lehren.

Präsens:	ich werde	} gelehrt,
Imperfekt:	ich wurde	
Perfekt:	ich bin	} gelehrt *worden,*
Plusquamperfekt:	ich war	

Futur	} ich werde gelehrt	{ werden	
Futur d. Vergangenh.:		*worden* sein,	
Konditionalis	} ich würde gelehrt	{ werden,	
Kond. d. Vergangenh.:		*worden* sein.	

V. Das Pronomen.

1. *Personal-Pronomen* und *2. Possessiv-Pronomen*

Sing.	*Nom.*	*Akk.*	*Gen.*	*Dat.*	(dekliniert wie *ein*)
1.	ich	mich	meiner	mir	mein
2.	du	dich	deiner	dir	dein
3.	er	ihn*	seiner	ihm*	sein
weiblich	sie	sie*	ihrer	ihr*	ihr
höflich	Sie	Sie*	Ihrer	Ihnen*	Ihr
sächlich	es	es*	seiner	es*	sein
unbestimmte	man	einen	eines	einem	sein
Plur.					
1.	wir	uns	unser	uns	unser
2.	ihr	euch	euer	euch	euer
3.	sie*	sie*	ihrer	ihnen*	ihr
höflich	Sie*	Sie*	Ihrer	Ihnen*	Ihr

3. *Demonstrativ-Pronomen:*

der, die, das (dekliniert wie der bestimmte Artikel);
derjenige, diejenige, dasjenige (der erste Teil wie der be-
    stimmte Artikel, der zweite schwach dekliniert;
    also *Gen.* desjenigen und derjenigen);
dieser, diese, dieses } dekliniert wie der, die, das.
jener, jene, jenes

4. *Relativ-Pronomen:*

der, die, das, welcher, welche, welches (dekliniert wie
    der bestimmte Artikel). Dessen.

---

* Reflexiv-Pronomen sich.

5. *Frage-Pronomen:*

substantivisch	adjektivisch
Nom. wer, was	welcher, —e, — es
Akk. wen, was	u. s. w.
Gen. wessen	(wie der, die, das)
Dat. wem, was.	

Bemerkung. Man gebraucht

wodurch	anstatt	durch was
worauf	„	auf was
woraus	„	aus was
worein	„	in was (Akk.)
worin	„	in was (Dat.)
worum	„	um was
wovon	„	von was
wozu	„	zu was.

VI. Das Numerale.

1. *Grundzahlen.*

Eins, zwei, drei, vier, fünf, sechs, sieben, acht, neun, zehn, elf, zwölf, dreizehn, vierzehn, fünfzehn, sechzehn, siebzehn, achtzehn, neunzehn, zwanzig, einundzwanzig, zweiundzwanzig u. s. w., dreissig, vierzig, fünfzig, sechzig, siebzig, achtzig, neunzig, hundert, tausend u. s. w.

2. *Ordnungszahlen.*

Der erste, der zweite, der dritte, der vierte, der fünfte, der sechste, der siebte, der achte, der neunte, der zehnte, der elfte, der zwölfte u. s. w., der zwanzigste, der einundzwanzigste u. s. w., der dreissigste, der vierzigste u. s. w.

VII. Das Adverb.

1. Die Adverbien bezeichnen die Art, wie etwas geschieht, oder den Ort, oder die Zeit, oder andere Umstände: gern, hier, da, fort, weg, jetzt, heute u. s. w.

2. Als Adverbien werden gebraucht, ohne dass sie dabei verändert werden

a) die Adjektive (22).

b) das Partizip der Gegenwart (34).

3. Das Adverb wird gesteigert wie das Adjektiv; nur wenige sind unregelmässig:

viel, mehr, am meisten.

VIII. Die Konjunktion.

1. Die Hauptsätze werden durch folgende *beiordnende* Konjunktionen an einander gereiht:

aber, denn, doch, sondern, und, weder, noch.

2. Nebensätze werden durch folgende *unterordnende* Konjunktionen eingeleitet:

als, bis, damit, dass, ob, seit, während, weil, wenn, wie.

Bemerkung. Für den Unterschied zwischen *als* und *wie* siehe die Beispiele Seite 76.

IX. Die Präposition.

1. Folgende Präpositionen haben den *Akkusativ* nach sich:

durch, für, um.

2. Folgende Präpositionen haben den *Dativ* nach sich:

aus, bei, mit, nach, seit, von, zu.

3. Folgende Präpositionen haben den *Akkusativ oder* den *Dativ* nach sich:

an, auf, hinter, in, neben, über, unter, vor, zwischen.

Sie regieren den *Akkusativ*, wenn sie mit einem Verb verbunden sind, das die Bewegung in einer bestimmten Richtung, nach einem bestimmten Ziel, bezeichnet.

Sie regieren den *Dativ*, wenn sie mit einem Verb verbunden sind, das eine Handlung oder ein Sein an einem bestimmten Orte bezeichnet.

(Siehe die Beispiele auf Seite 30.)

4. Präposition und *das* oder *dem* werden oft verschmolzen:

an das	= ans	an dem	= am
in das	= ins	in dem	= im
		bei dem	= beim
		von dem	= vom
		zu dem	= zum

5. Präposition und *was* werden oft verschmolzen (siehe Seite 56 und 75).

X. Wortfolge.

1. Im Hauptsatze.

A. *Natürliche Wortfolge:*

1	2	3	4
Subjekt	Prädikat	(Sonstiges)	(Ergänzung des Prädikats)
Er	kam	heute	
Er	ist	mit einem Freunde	gekommen,
Sie	schloss	die Thüre	zu.

B. „*Sonstiges*" (gewöhnlich Adverb oder Objekt) *kommt an erster Stelle:*

1	2	3	4	5
Sonstiges	Prädikat	Subjekt	(Sonstiges)	(Ergänzung des Prädikats)
Heute	kam	er,		
Mit einem Freund	ist	er	gestern	gekommen,
Die Thüre	schloss	er	sogleich	zu.

C. In der *Frage* und im *Befehl* steht das Prädikat vor dem Subjekt:

Wohin gehst du?

Geh du nach Hause!

2. Im Nebensatze

steht das Prädikat stets am Ende des Satzes.

Der Mann, den ich sah, ist sehr alt.

Ich weiss, wie alt er ist, weil er es mir sagte.

3. Bei den Verben, welche Dativ und Akkusativ verlangen, steht bald der eine, bald der andere voran (15).

a) derjenige Kasus steht am Ende, auf welchem der Hauptton liegt:

b) nur wenn der Akkusativ ohne Artikel ist, steht er immer nach dem Dativ.

XI. Aussprache.

1. Die Vokale der Hauptsilbe werden *lang* gesprochen:

a) vor einfachen Konsonanten *ch* ausgenommen: Vater, Knabe, Frage, Vögel, grün, Gras, Blume u. s. w.:

b) in folgenden Wörtern mit hartem s-Laute: gross, Grossvater, Grossmutter, Strasse, Fuss, Grösse, süss, schiessen, Gruss, grüssen, schliessen;

c) ausnahmsweise in folgenden Wörtern mit mehrfachem konsonantischem Auslaute: Pferd, Herde, Erde, Bart.

2. Die Vokale der Hauptsilbe werden *kurz* gesprochen:
   a) vor mehrfachen Konsonanten, *tz* und *ck* inbegriffen:
   Mutter, Mann, Ente, alt, nützlich, Berg, Wald, Pflanze,
   glücklich, Neffe, Herr, Müller u. s. w.;
   b) vor *ch:* ich, Dach, Bach, sechzehn, Küche, kochen,
   machen, Drache, brechen u. s. w. Ausnahmen: hoch,
   nach, Buch;
   c) in folgenden Wörtern mit hartem *s*-Laute: Wasser,
   essen, wessen, Fluss, geschlossen, fressen, Klasse,
   Messer, geschossen, Fass, Schluss, lassen, müssen,
   Sessel, Adressen, wissen;
   d) vor einfachen Konsonanten in folgenden einsilbigen
   Wörtern: in, mit, man, hin, um, am, an u. s. w.

3. Langes *e* ist immer geschlossen; kurzes *e* in be-
tonten Silben ist immer offen (wie kurzes *ä*): in unbetonten
Silben hat es einen schwachen, unbestimmten Laut.

4. *b, d, g* (ausser in —*ng* und —*ig* am Ende des
Wortes) werden als *p, t, k* gesprochen; —*ig* spricht man
wie —*ich*.

5. *st* und *sp* am Anfang des Wortes (auch wenn es
den Teil eines zusammengesetzten Wortes bildet) werden
als *scht* und *schp* gesprochen.

6. *tz* wird *ts* ausgesprochen.

Betonung.

7. Bei *einfachen* Wörtern hat die erste Silbe den
Hauptton, z. B. Vater, Mutter, Knabe, Mädchen, Bäuerin.

8. *Zusammengesetzte Wörter.*
   a) *Substantiv + Substantiv:* Das erste hat den Hauptton,
   z. B. Abendessen, Augenblick, Bauernhaus, Schwalbennest;
   b) mit *untrennbarer* Vorsilbe (hier untrennbar): Hauptton auf der Hauptsilbe, z. B. bebauen, erlauben,
   Gebäude, durchzucken, gehören, geschlossen, Vergnügen, verschwinden. *Ausnahme:* antworten;
   c) mit *trennbarer* Vorsilbe:
      I. Hauptton auf der Vorsilbe, z. B. abfahren, an-
      binden, Anfang, aufhängen, aufmerksam (vgl.
      aufmerken), aussehen, Beispiel, einladen, Ein-
      ladung, festhalten, hinführen, mitnehmen, um-
      fallen, wegfahren, zusehen;

ıı. Auch in Wörtern mit der Vorsilbe *un—* hat
diese gewöhnlich den Hauptton, z. B. unglücklich, unreif;

ııı. Zusammengesetzte Adverben haben den Hauptton auf der zweiten Silbe;* wenn sie mit einem
weitern Wort zusammengesetzt sind, behalten
sie den Hauptton, z. B. dahingleiten, hervorkommen, hinaufklettern, hinausschauen, vorbeigehen, zurückgehen;

ıv. Bei Vormittag, Nachmittag hat die erste Silbe,
dem Sinne gemäss, den Hauptton.

9. Viele Wörter, die aus andern Sprachen stammen,
behalten die fremde Betonung: Adresse, April, August,
Cousine, Dezember, die Doktoren (Plur.), Europa, Gamasche,
Hospital, Insekt, Kaffee, Kamerad, Kartoffel, Lawine,
Minute, November, Oktober, Person, Soldat, spazieren,
Station, Tabak, Theater.

10. Unregelmässige Betonung haben: zufrieden, will- ||
kommen.

XII. Schrift.

1. Mit grossen Anfangsbuchstaben werden geschrieben:
a) die Substantive: Knabe, Vater, Paris, Paul, Luise
u. s. w.;
b) die substantivisch gebrauchten Verben: Die Knaben
sind glücklich beim Baden;
c) die substantivisch gebrauchten Adjektive: Der Hungrige isst. Der Durstige trinkt. Man liebt die Fleissigen
und die Guten.

2. Die Länge eines Vokals kann auf verschiedene
Weise bezeichnet werden:
a) *h* steht nach dem Vokal:
   ı. *vor r:* ihr, sehr, mehr, Jahr, mehrere, Ähre,
   lehren, Lehrer, fahren, führen, Gewehr, während;
   ıı. *vor n:* ihn, ihnen, Sohn, Huhn, zehn, wohnen,
   lehnen, Hahn;
   ııı. *vor l:* Mühle, Frühling, Mehl, Kehle, Pfahl;
   ıv. *am Ende der Hauptsilbe:* Stroh, Schuh, Kuh,
   früh, fröhlich;

* Vgl. auch einander, sogar, zusammen.

b) *h* steht vor dem Vokal (nur nach *t*): thun, gethan, Thüre;

c) *e* steht nach dem Vokal *i:* die, spielen, sie, Biene, fliegen, vier, Papier, Wiese, dieser, Tier, sieben, lieben, wie, viele, vierzehn, ziehen, siehst, sieht, Stiefel; zufrieden, Lied u. s. w.;

d) der Vokal wird verdoppelt: Kaffee, Schnee.

3. *v* und *f* bezeichnen den gleichen Laut. In den meisten Wörtern steht *f;*

    v steht in

a) Vater, Vogel, vier, viel, vierzehn, von, vierzig, voll, Vetter, vorn, Viertel, brav, Adjektiv, Substantiv;

b) in allen Wörtern mit der Vorsilbe *ver:* verschwinden, verbrennen, versammeln, verbergen u. s. w.

Bemerkung. In einigen Fremdwörtern wird *v* wie deutsches *w* gesprochen, z. B. Verb.

4. a) Statt zz schreibt man tz. Dieses steht also nach kurzen Vokalen: Nützlich, sitzen, Mütze, Blitz, Satz, plötz lich, jetzt.

b) In Fremdwörtern wird zuweilen t statt z geschrieben: Station.

c) Statt tt schreibt man in einzelnen Wörtern dt: Stadt, Städter.

5. a) Statt kk wird ck geschrieben. Dieses steht also nur nach kurzen Vokalen: Glücklich, Stück, pflücken, durchzucken, Rücken, Blick, bücken.

b) In Fremdwörtern wird auch nach kurzen Vokalen nur k geschrieben: Tabak, Doktor, Dukaten.

Phonetischer Teil.

Nummern 1—10.

In der Schrift der Association phonétique internationale.

---

i	y	u
e	o	o

ε œ (ə) ɔ

a

---

p	t	k
b	d	g
	f s ʃ	ç x
	v z	j
	l r	
m	n	ŋ̩

---

pa, ba, bε, pe, pœ, bo, bo, pə, tε, te, ti, dy, do, tɔ.
tə, to, ki, ga, kɔ, gu, go, kε, kœ, ky, go, fa, vu, vœ, vy.
fε, fə, fɔ, və, vi, si, zy, sε, se, zœ, zɔ, zo, su, ʔiç, ʔax, ʔεç.
ʔeç, ʔoç, ʔux.

bεkər, bεk, bauər, dre:ər, fifər, forstər, gεrtnər, gaigər,
gla:zər, hirt, je:gər, kaufman, kɔx, ky:blər, kystər, maiər,
ma:lər, maurər, maistər, mylər, riçtər, ʃε:fər, ʃlosər, ʃmi:t,
ʃnaidər, ʃraibər, ʃrainər, ʃu:maxer, ʃu:stər, topfər, traibər,
tsimərman, va:knər, ve:bər, vaingεrtnər, virt.

I. numər* ʔains*; ʔainə numər.

das* ʔist* karl*. mari:*. lui:zə*. ju:ljə*. ʔana*. hainriç.*
paul*. das* ʔist dεr* fa:tər*. di* mutər*. dεr fatər ʔist ʔain
man*. di mutər ʔist ʔainə frau*. di frau. karl ʔist ʔain
kna:bə*; dεr kna:bə. ju:ljə ʔist ʔain mε:tçən*. das* mε:tçən.

vas* ʔist dɛr faːtər? dɛr faːtər ʔist ʔain man. veːr* ʔist ʔain
knaːbə? hainriç ʔist ʔain knaːbə. veːr ʔist das? das ʔist karl.

fraːgən*. was ʔist paul? ʔana? dɛr faːtər? di mutər?
hainriç? luiːzə? karl? mariː? veːr ʔist ʔain knaːbə? veːr ʔist
ʔain mɛːtçən? veːr ʔist ʔain man? veːr ʔist ʔainə frau?

2. numər tsvai*; tsvai numərn.

karl ʔist ʔain knaːbə. ʔist paul ʔaux ʔain knaːbə? jaː*.
paul ʔist ʔaux ʔain knaːbə. ver ʔist ʔaux ʔain knaːbə? ʔist
luiːze ʔaux ʔain knaːbə? nain*, luiːzə ʔist ʔain mɛːtçən.
veːr ʔist ʔaux ʔain mɛːtçən? ʔist hainriç ʔaux ʔain mɛːtçən?
das ʔist ʔainə ʔɛntə*.

ʃvimən*, ʔarbaitən*, ʃpiːlən*.

di ʔɛntə ʃvimt. das ʔist ʔain ʔɛntçən*. das ʔɛntçən ʃvimt
ʔaux. dɛr faːtər ʔarbaitət. ʔarbaitət hainriç ʔaux? nain,
hainriç ʔarbaitət niçt*. veːr ʔarbaitət ʔaux? karl ʃpiːlt. veːr
ʃpiːlt ʔaux? veːr ʃpiːlt niçt? di ʔɛntə ʔist ʔain foːgəl*. dɛr
foːgəl.

fraːgən. ʃpiːlt dɛr faːtər? ʔarbaitət juːljə? ʃvimt di
ʔɛntə? veːr ʃvimt ʔaux? veːr ʔarbaitət? veːr ʔarbaitət niçt?
veːr ʃpiːlt? veːr ʃpiːlt niçt? veːr ʃvimt niçt? veːr ʔist ʔain
man? veːr ʔist ʔainə frau?

3. numər drai*; drai numərn.

dɛr faːtər ʔarbaitət; ʔɛr* ʔarbaitət. di mutər ʔarbaitət;
ziː* arbaitət. dɛr faːtər ʔunt* di mutər ʔarbaitən; ziː* ʔarbaitən. karl ʃpiːlt: ʔɛr ʃpiːlt. mariː ʃpiːlt: ziː ʃpiːlt. mariː
ʔunt luiːzə ʃpiːlən: ziː ʃpiːlən. karl ʔunt juːljə ʃpiːlən: ziː
ʃpiːlən. ʔain mɛːtçən ʔarbaitət; ʔɛs* ʔarbaitət. das ʔɛntçən
ʃvimt; ʔɛs ʃvimt. diː ʔɛntə ʔunt das ʔɛntçən ʃvimən; ziː
ʃvimən. karl ʔist ʔain knaːbə. karl ʔunt hainriç zint* tsvai
knaːbən. juːljə ʔist ʔain mɛːtçən. juːljə ʔunt luiːzə zint tsvai
mɛːtçən. di ʔɛntə ʔist ʔain foːgəl. das ʔɛntçən ʔist ʔaux ʔain
foːgəl. di ʔɛntən ʔunt di ʔɛntçən zint foːgəl.

fraːgən. vas zint karl ʔunt hainriç? luiːzə ʔunt juːljə?
di ʔɛntən? di ʔɛntçən? vas ʔist ʔana? paul? vas zint karl
ʔunt paul? veːr ʃpiːlt? veːr ʔarbaitət? veːr ʃvimt? ʃvimən di
knaːbən? ʔarbaitən di mɛːtçən? ʃpiːlən dɛr faːtər ʔunt di
mutər? zint paul ʔunt hainriç mɛːtçən?

4. numər fiːr*; fiːr numərn.

di ʃvalbə* ɹist ɹain foːgəl. di ʃvalbən zint fœːgəl. fiːr
ʃvalbən. di ʃvalbə fliːkt*. di biːnə* fliːkt ɹaux; di biːnən
fliːgən ɹaux. dɛr hunt fliːkt niçt, ɹer ʃpriŋt*. karl ʃpiːlt ɹunt
ziŋt*. drai mɛːtçən ziŋen ɹaux. ɹana ziŋt niçt; ziː ɹarbaitət.
dɛr hunt ɹist troi*. dɛr faːtər ɹarbaitət; ɹer ɹist flaisiç*.
di mutər ɹarbaitət ɹaux; ziː ɹist ɹaux flaisiç. dɛr faːtər
ɹunt di mutər zint flaisiç. juːlje ɹist juŋ*. dɛr faːtər ɹunt
di mutər zint niçt juŋ; ziː zint ɹalt*. di ɹɛntçən zint
klain*. hainriç ɹist niçt klain: ɹer ɹist groːs.*.

fraːgən. veːr ɹist juŋ? flaisiç? klain? ɹalt? groːs*?
veːr ɹist niçt klain? niçt ɹalt? niçt juŋ? veːr ɹist troi? veːr
fliːkt? veːr ziŋt? vas ɹist di ʃvalbə? fliːkt dɛr hunt? fliːkt
di biːnə? ziŋt dɛr faːtər?

5. fynf*.

di ɹɛntən zint nytsliç*. di ʃvalbən zint ɹaux nytsliç.
ɹainə ɹɛntə ɹist vais*. das papiːr* ɹist ɹaux vais. di viːzə*
ɹist niçt vais, ziː ɹist gryːn*. di viːzən zint gryːn. diːzə*
ɹɛntə ɹist vais. diːzə frau ɹarbaitət. diːzer knaːbə haist*
karl. jeːnər* knaːbə haist hainriç. diːzəs mɛːtçən haist mariː;
jeːnəs mɛːtçən haist ɹana. di biːnə ɹist ɹain ɹinzɛkt*. diːzəs
ɹinzɛkt ɹist niçt groːs; ɹes ɹist klain. diːzə ɹinzɛktən zint
nytsliç.

fraːgən. veːr haist karl? mariː? luiːzə? juːljə? hainriç?
ɹana? paul? vas zint di ɹɛntən? karl ɹunt hainriç? mariː
ɹunt ɹana? di biːnən? di ʃvalbən? fliːgən di ɹinzɛktən?
ziŋt dɛr hunt? vas ɹist gryːn? vais? ɹist di viːzə niçt vais?
ɹist das papiːr niçt gryːn?

6. zɛks*.

das ɹist ɹainə kirçə*. das ɹist ɹain hyːgəl*. das ɹist ɹaux
ɹain hyːgəl. das ɹist ɹain bɛrk*. das ɹist ɹain valt*. das ɹist
ɹain baum*. das ɹist ɹain kirʃbaum.* das ɹist graːs*. das
zint bluːmən*. das graːs ɹist ɹainə pflantsə*. dɛr baum ɹunt
di bluːmən zint ɹaux pflantsən. dɛr hunt ɹist ɹain tiːr*.
das tiːr ɹist nytsliç. vɛlçə* tiːrə zint nytsliç? dɛr baum,
di kirçə, dɛr hyːgəl ɹunt dɛr bɛrk zint hoːx*. di tsvai
hyːgəl zint gryːn. di bɛrgə zint vais. dɛr kirʃbaum ɹist
foːn*. di bɛrgə zint zeːr* hoːx; hyːgəl zint niçt zeːr hoːx:

di kirçə ʒunt di bɔimə zint niçt ze:r ho:x. vɛlçər baum ʒist ʒain kirʃbaum? di:zər baum ʒist ʒain kirʃbaum. wɛlçəs mɛ:tçən haist ʒana? di:zəs mɛ:tçən haist ʒana. vɛlçə kna:bən haisən karl ʒunt hainriç?

    fra:gən. vas ʒist ho:x? ʃən? vais? vas ʒist ze:r ho:x? vas ʒist ʒainə pflantsə? ʒain ti:r? vɛlçə kna:bən ʃpi:lən? vɛlçər kna:bə ʃpi:lt ɩ.içt? vɛlçəs mɛ:tçən ʒarbaitət? vɛlçə mɛ:tçən ʃpi:lən? vɛlçəs ʃpi:lt niçt? vɛlçə ʒinzɛktən zint nytsliç? vɛlçə mɛ:tçən ziŋən? vɛlçəs ti:r ziŋt? vɛlçəs ti:r ziŋt niçt? vɛlçəs ti:r ʒist trɔi? vɛlçər man ʒist flaisiç? vɛlçəs mɛ:tçən ʒist ze:r klain? vɛlçər kna:bə ʒist ze:r klain? vɛlçə fø:gəl zint nytsliç? ve:r ʒist niçt ze:r ʒalt?

7. zi:bən.

Karl za:kt*:

ʒiç* ʒarbaitə niçt, ʒiç ʃpi:lə, ʒiç ziŋə, ʒiç ʃpriŋə. di:zər man ʒist main* fa:tər. di:sə frau ʒist mainə mutər. main fa:ter ʒist ʒain bauər*, ʒunt mainə mutər ʒist ʒainə bɔiərin*. mari: ʒist mainə ʃvɛstər*. ʒana, luiːzo ʒunt juːljə zint ʒaux mainə ʃvɛstərn. ʒiç ha:bə* fi:r ʃvɛstərn; ʒana hat* drai. di:zər kna:bə ʒist main bru:dər*; ʒer haist hainriç. ʒiç ha:bə ʒainən fa:tər ʒunt ʒainə mutər, ʒainən gro:sfa:tər* ʒunt ʒainə gro:smutər*, tsvai bry:dər ʒunt fi:r ʃvɛstərn. main fa:tər ʒunt mainə mutər zint gu:t*. ʒiç li:bə* den fa:tər ʒunt di mutər, di ʃvɛstərn ʒunt di bry:dər. ʒiç li:be mainən fa:tər ʒunt mainə mutər, mainə bry:dər ʒunt mainə svɛstərn. je:nə frau ʒist mainə gro:smutər; zi: ʒist ze:r ʒalt: zi: ʒarbaitət niçt me:r*; zi: ʒist ʃvax*. main gro:sfa:tər ʒist ze:r ʒalt, a:bər* ʒer ʒist niçt ʃvax; ʒer ʒist ʃtark*; ʒer ʒarbaitət nox*, vi:* main fa:tər ʒunt mainə mutər. ʒiç li:be de:n gro:sfa:tər ʒunt di gro:smutər. der gro:sfatər ʒunt di gro:smutər zint niçt juŋ.

    fra:gən. ve:r li:pt den fa:tər? di mutər? di kna:bən? di ʒɛntən? den hunt? di ʃvalbən? zint di gro:smytər juŋ? di gro:sfɛ:tər? ve:r ʒist niçt me:r juŋ? niçt me:r klain? niçt me:r ʃtark? ve:r ʒarbaitət niçt me:r? ve:r ʃpi:lt niçt me:r? ve:r ʒarbaitət nox niçt? ve:r ʒist nox niçt ʒalt? hat hainriç ʒainən bru:dər? hat ju:ljə tsvai bry:dər? ve:r ʒist ʒain bauər? ve:r ʒist ʒainə bɔiərin? ve:r ʃpi:lt vi: karl? ve:r ʒarbaitət vi: der fa:tər? ve:r hat drai bry:dər? tsvai bry:dər? fi:r ʃvɛstərn? drai ʃvɛstərn? vi: ʒist das papi:r? das gra:s?

8. ɂaxt*.

Karl zaːkt tsu* hainriç: ɂiç bin dain bruːdər. duː* bist* main bruːdər. ɂiç ʃpiːlə, ɂaːbər duː: ʃpiːlst niçt. ɂiç bin juŋ: duː bist ɂaux juŋ. ɂiç habə tsvai bryːdər: duː hast* ɂaux tsvai bryːdər. mariː ɂunt luiːzə zint mainə ʃvɛstərn; ziː zint ɂaux dainə ʃvɛstərn. ɂiç liːbə den faːtər: duː liːpst den faːtər ɂaux: duː liːpst ɂaux den groːsfaːtər, diː mutər ɂunt dainə ʃvɛstərn. hast duː niçt ɂainən faːtər ɂunt ɂainə mutər, bryːdər ɂunt ʃvestərn? bist duː niçt glyːkliç* viː ɂiç?

fraːgən. ɂana, viː haisən dainə ʃvɛstərn? viː haisən dainə bryːdər? hast duː ɂainən groːsfaːtər ɂunt ɂainə groːs- mutər? bist duː glyːkliç? ʃpiːlst duː:? ziŋst duː niçt? veːr ɂist dain faːtər? vas ɂist dain faːtər? veːr ɂist dainə mutər? vas ɂist dainə mutər? vɛlçər knaːbə ɂist dain bruːdər karl? vɛlçəs mɛːtçən ɂist dainə svɛstər juːljə?

9. nɔin*.

Karl ɂist juŋ: ɂer ɂist ɂaxt jaːrə alt. zain bruːdər paul ɂist nox niçt ɂaxt jaːrə ɂalt; ɂer ɂist zeːr juŋ: ɂer ɂist tsvai jaːrə ɂalt. viː ɂalt ɂist zainə ʃvɛstər mariː:? ziː ɂist zɛks jaːrə ɂalt. viː ɂalt ɂist zainə ʃvɛstər juːljə? ziː ɂist fiːr jaːrə ɂalt. Karl zaːkt: der bauər, main faːtər, hat ainən bruːdər. zain bruːdər haist hans. hans ɂist main ɂoŋkel*. ɂiç bin zain nɛfə*. ɂana ɂist zainə niçtə*. mainə ʃvɛstərn zint zainə niçtən; mainə bryːdər zint zainə nɛfən. ɂiç liːbe den ɂoŋkəl: ɂiç liːbə mainən oŋkəl hans. main faːtər hat ɂaux ɂainə ʃvɛstər. ziː ɂist mainə tantə. ɂiç bin iːr* nɛfə. mainə bryːdər zint ɂaux ɂiːrə nɛfən. mainə ʃvɛstər ɂana ɂist niçt ɂiːr nɛfə; ziː ɂist ɂiːrə niçtə. ɂalə* ʃvɛstərn zint ɂiːre niçtən. viː fiːlə nɛfən hat di tantə? drai. viː fiːlə niçten hat ziː:? fiːr. main faːtər hat ɂainən bruːdər ɂunt ɂainə ʃvɛstər. mainə mutər hat kainən bruːdər ɂunt kainə ʃvɛstər. viːr* haːbən ɂalzo ɂainən ɂoŋkəl ɂunt ɂainə tantə. ɂunzərə* tantə haist ɂɛmiːljə: ɂunzər ɂoŋkəl haist hans. viːr liːbən ɂunzərn ɂoŋkəl hans ɂunt ɂunzərə tantə ɂɛmiːljə. veːn liːpt der ɂoŋkel? ɂer liːpt zainən faːter ɂunt zainə mutər, zainə nɛfən ɂunt zainə niçten; ɂer liːpt ɂaux ɂunzərən faːtər ɂunt ɂunzərə mutər. ɂunzer faːter ɂunt ɂunzərə mutər zint ɂunzərə ɂɛltərn*. viːr liːbən ɂunzəre ɂɛltərn. ɂunzərə ɂɛltərn haːbən drai knaːbən

�...

ɹunt fiːr mɛːtçən; ziː haːbən ziːbən kindər*. ɹiç bin ɹiːr
zoːn*; hainriç ɹunt paul zint ɹaux ɹiːrə zoːnə. ɹana ɹist
ɹiːrə toxtər*: mariː, luiːzə ɹunt juːljə zint aux ɹiːrə tœçtər.
vɛlçəs kint haist ɹana?

fraːgən. viː fiːlə bryːdər hat dɛr faːtər? viː fiːlə ʃvɛstərn
hat ɹɛr? viː fiːlə bryːdər hat karl? viː fiːlə ʃvɛstərn hat
ɹɛr? viː fiːlə tantən? viː fiːlə ʃvɛstərn hat ɹana? viː fiːlə
bryːdər hat ziː? viː fiːlə kindər hat der bauər? viː fiːlə
mɛːtçən? viː fiːlə knaːbən? veːr hat kainən bruːdər? vas
ɹist kain foːgəl? kain tiːr? ʃpiːlən ɹalə kindər? fliːgən ɹalə
foːgəl? vɛlçəs kint haist luiːzə? vɛlçəs haist paul?

10. tseːn.*

karl hat ɹainən hunt; das ɹist karls hunt. mariː hat
drai ʃvɛstərn; das zint mariːəns ʃvɛstərn. luiːzəns ʃvɛstər
juːljə ɹist fiːr jaːrə ɹalt. karls ʃvɛstərn ʃpiːlən ɹunt ɹarbaitən.
ɹɛmiːljəns bluːmən zint ʃoːn. viː haist karls ɹoŋkel? juːljəns
tantə? hainriçs faːtor ɹist hɛr* ɹalbərt braun. frau braun
ɹist ɹanas mutər.

karl ɹunt hainriç zaːgən tsu ɹana ɹunt juːljə: ɹunzər
ɹoŋkəl hans ɹist ɹaux ɹoiər* ɹoŋkəl; ɹunzərə tantə ɹist ɹaux
ɹoiərə tantə, ɹunzərə ɹɛltərn zint ɹaux ɹoiərə ɹɛltərn. ɹiːr*
haːpt, viː viːr, ɹainən groːsfaːtər ɹunt ɹainə groːsmutər; ɹiːr
zait kindər viː viːr. ɹir liːpt ɹoiərə ɹɛltərn, ɹiːr ʃpiːlt, ɹiːr
ʃpriŋt, ɹiːr ziŋt, ɹiːr ɹarbaitət ɹaux. viːr zaːgən tsu frau
braun: ziː haːbən drai zoːnə ɹunt fiːr tœçtər; ziː haːbən
ɹain haus* ɹunt ɹainən gartən*; ziː haːbən ɹɛntən ɹunt
ɹɛntçən, hyːnər* ɹunt pfeːrdə*, viːsən ɹunt vɛldər. ɹiːrə
kindər zint braːf*; ziː zint glykliç.

fraːgən. vas ɹist das pfeːrt? das huːn? ɹist das pfeːrt
ʃvax? ɹist karl ɹain hɛr? veːr ɹist ɹain hɛr? viː fiːlə zoːnə
hat hɛr braun? viː fiːlə tœçtər? veːr ɹist braːf? karl ɹunt
hainriç, viː haisen ɹoiərə ʃvɛstərn? ɹoiər ɹoŋkəl? ɹoiərə
tantə? hɛr hans braun, haːbən ziː tsvai nɛfən? ɹainə
niçte? froilain* braun, viː haisən ɹiːrə bryːdər? viː haisən
ɹiːrə nefən ɹunt ɹiːrə niçtən? veːr ɹist karls faːtər? mutər?
bruːdər? ʃvɛstər? veːr ɹist ɹanas mutər? juːljəns faːtər?

Wörter-Verzeichnis.

Die fettgedruckten Wörter sind auch im Anfang mit kleinen Anfangsbuchstaben geschrieben, sofern sie nicht Substantive sind.

A.

Der Herr ging auf und **ab, 46.**

Am **Abend** sind wir müde. 27.

Nach dem **Abendessen** gehen die Kinder zu Bette. 27.

abends, um acht Uhr. 45.

Mein Grossvater ist alt, **aber** nicht schwach, 7.

Um sechs Uhr wird ein Zug **abfahren,** 47.

Durftest du das Zimmer **abstauben?** 45.

Der Reisende kann im Gasthof **absteigen,** 48.

Wer ist **acht** Jahre alt? 8.

achtzehn ist: zehn und acht, 18.

Schreibet eure **Adresse** auf diesen Brief, 35.

Die **Ähre** ist die Frucht des Korns. 22.

alle diese Mädchen sind unsre Nichten. 9.

Gestern, **als** wir zu Bette gingen, war es neun Uhr. 42

Die Kirche ist höher **als** der Kirschbaum, 25.

Sie ist **also** sehr hoch, 9.

Das Entchen ist nicht **alt,** 4.

Siehst du den **Ambos** in der Schmiede? 45.

Die Kartoffel ist von **Amerika** nach Europa gebracht worden, 36.

Die Leiter lehnt **an** der Wand. 36.

Er **bindet** die Schnur **an** den Drachen, 34.

Kleidet euch **an!** 27.

Der Zug **kommt** bald **an,** 49.

Er **lehnt** die Leiter **an** die Scheune. 36.

Der Schmied **nagelt** das Hufeisen **an,** 45.

Nehmen Sie die Einladung **an?** 35.

Wer **zieht** die Stiefel **an?** 21.

Der **andere** Knabe ist auf dem Baume. 21.

Im **Anfang** der Ferien gingen sie aufs Land. 39.

Onkel Hans ist **angelangt,** 47.

Das Kartoffelkraut wird **angezündet,** 36

„Lieber Freund" ist eine **Anrede,** 35.

Ihr dürft die Bilder **anschauen,** 48.

Gieb eine **Antwort** auf seine Frage, 35.

Der **Apfel** ist eine Frucht. 14.

Am **Apfelbaum** sind Blüten, 14.

Im **April** blühen viele Bäume, 40.

Der Müller geht früh an die **Arbeit,** 33.

Am Sonntag **arbeiten** wir nicht, 2.

Robert hält den Stab unter dem **Arm,** 34.

Paul will **artig** sein. 39.

Du nimmst nicht gern **Arznei** ein, 45.

Schüttelt die **Äste!** 36.

Luise ist **auch** ein Mädchen, 2.
Auf der Wiese sind Blumen. 12.
Beim **Auf-** und **Abgehen** rauchte er. 46.
Hängen sie den Mais unter die Fenster **auf?** 39.
Sei **aufmerksam!** 29.
nimm auf, was am Boden liegt, 34.
Lernt er schon nach dem **Aufstehen?** 27.
Seine **Augen** sind geschlossen, 21.
In diesem **Augenblick** isst er, 34.
Nach dem Juli kommt der **August,** 40.
Eine Schwalbe **fliegt aus** dem Neste, 18.
Sie **geht aus,** wenn die Sonne scheint, 25.
Hier **steigt** sie **aus,** 46.
ziehen sie die Kleider **aus?** 23.

B.

Ein Baum steht beim **Bache,** 16.
Der **Bäcker** macht Brot, 38.
Im **Bäckerladen** verkauft er es, 47.
Zwei Knaben **baden** im Fluss, 21.
Der Zug fährt vom **Bahnhof** ab, 47.
bald wird der Winter kommen. 33.
Bald fliegen die Schwalben nach dieser, **bald** nach jener Seite, 35.
Robert wirft seinen **Ball** in die Höhe. 42.
In jeder **Bank** sitzen vier Schüler, 28.
Der Grossvater hat einen **Bart,** 40.
Die **Base** ist die Schwester des Vetters, 48
Der Vogel **baut** sein Nest, 12.
Ist dein Vater ein **Bauer?** 7.
Ist Frau Braun eine **Bäuerin?** 7.
Der **Baum** ist eine Pflanze. 6.
Wer will die Fragen **beantworten?** 48.
Wer **bebaut** das Feld? 33.
Im Winter ist es mit Schnee **bedeckt,** 41.
Er **befestigt** schnell seine Schlittschuhe. 41.
Die Hunde **begleiten** den Jäger, 32.
Der Steg ist **bei** der Mühle, 14.
Des Knaben **Beine** stecken in Gamaschen. 44.
Das Wetter ist **beinahe** immer schön, 35.
Die Kinder sind **beisammen** auf der Strasse, 37.
Schreibet Sätze, zum **Beispiel:** .... 40.
Walters Beine sind mit Gamaschen **bekleidet,** 43.
Die Postkutsche ist mit Koffern **beladen,** 46.
Ist das ein **Berg?** 6.
Bereiten die **Bienen** den Honig? 33.
Der Hufschmied muss die Pferde **beschlagen,** 45.
Der Schneemann hält einen **Besen** im Arm. 42.
Wo ist dein **Bett?** 27.
bewegt euch, damit ihr nicht friert! 43.
Was **bewundert** ihr im Garten? 26.
Die **Biene.** 4.
Seht ihr, wie sie im **Bienenkorbe** arbeitet? 40.

Wir haben mehrere **Bilder,** 12.
Grosse Schneebälle **bilden** Lawinen. 42.
Die Schnitterinnen **binden** die Garben. 21.
Die **Birne** ist die Frucht } 14.
des **Birnbaumes,** } 14.
Schreibe **bis** um zwölf Uhr, 37.
Er **bittet** dich, das zu thun, 39.
Manche Früchte sind **bitter,** 45.
Im Herbst fällt jedes **Blatt** vom Baume. 33.
Jene Mütze ist **blau,** 22. }
die meinige ist **bläulich,** 44. }
Wir **bleiben** nicht im Walde, } 25.
wenn der **Blitz** die Wolken durchzuckt, } 25.
Wann **blühen** } 16.
die **Blumen** auf den Bergen? } 6.
Trägt die Frau eine **Bluse?** 31.
Was ist rot wie **Blut?** } 38.
Die **Blüte** des Apfelbaumes nicht. } 11.
Auf dem **Bocke** sitzt ein alter Kutscher, 46.
Unsre Schlitten stehen im Sommer auf dem **Boden,** 43.
Was **braucht** der Drescher? 41.
Sind die Dächer **braun?** 11.
Wer ist **brav?** 10.
Wo **bricht** man das Eis? 41.
Die Strassen der Stadt sind **breit,** 31.
Emil schreibt dir einen **Brief,** 35.
Wem **bringt** Anna Futter? 15.
Die Kinder essen **Brot** und Äpfel, 16.
Hast du einen **Bruder?** 7.
Im Frühling **brüten** die Vögel ihre Eier, 33
Jeder Schüler hat ein **Buch,** 28.
Er lernt die **Buchstaben,** 28.
Bücke dich und nimm das Buch auf! 34.
In den **Butten** liegen reife Trauben, 30.

C.

Unter dem **Christbaum** liegen die Geschenke. } 48.
die das **Christkindlein** gebracht hat, } 48.
Die **Cousine** ist die Tochter des Onkels, 48.

D.

Ist das **Dach** des Hauses hoch? 11.
Der Schüler ist fleissig, **daher** ist man zufrieden mit ihm, 29.
Mit Schlittschuhen gleiten wir schnell **dahin,** 41.
Welche **Dame** ist eine Städterin? 31.
damit der Mais trockne, wird er aufgehängt, 39.
Ein kleines **Dampfschiff** fährt über den Fluss, 39.
danke deiner Mutter, 15.
dann gehe in den Garten, 23.
Dort steht eine Bank. Paul sitzt **darauf,** 33.
Er hat Blumen und macht einen Strauss **daraus,** 33.
das ist ein Mädchen, 1.

Das **Datum** ist: Der fünfte April 1898. 35.
Ist das **dein** Vater? 8.
Gehe nicht aus; **denn** es regnet, 30.
der Knabe. 1.
derjenige, den du im Garten siehst. 41.
spricht **deutsch**, 35.
Er ist in **Deutschland**, 16.
Dort ist es kalt im **Dezember**, 40.
Dann tragen die Kinder **dicke** Mäntel, 44.
Die **Mutter** 1.
geht am **Dienstag** ins Dorf, 29.
dieser Knabe heisst Karl, 5.
Er war nicht wohl, **doch** blieb er nicht zu Hause, 44.
Man holte den **Doktor** nicht, 45.
Was ist die **Donau**? 37.
Hören Sie den **Donner**? 25.
Am **Donnerstag** haben wir keine Schule. 29.
Das **Dorf** steht auf einem Hügel, 18.
dort presst man die Trauben. 30.
Die Kinder machen einen **Drachen**, 34.
Sie spielen **draussen**, 44.
drei Knaben, nicht zwei, 3.
dreissig Bänke stehen in der Kirche, 30.
Auf der Wiese sind **dreizehn** Bäume, 13.
Zwei **Drescher** und zwei **Drescherinnen**, 38.
dreschen das Korn, 38.
mit **Dreschflegeln**, 38.
Das **dritte** Bild ist auch schön, 30.
Wir **drücken** Steine in den Schnee, 42.
Am Abend wird es **dunkel**, 47.
Der Wagen fährt **durch** den Wald, 25.
Blitze **durchzucken** die Luft, 25.
Die kleinen Kinder **dürfen** nicht im Flusse baden, 41.
Trinket Most, wenn ihr **durstig** seid, 22.

E.

Der Ofen steht in der **Ecke**, 44.
Das Pferd zieht die **Egge**, 14.
Der Bauer **eggt** das Feld, 14.
Das **Ei** des Sperlings ist klein, 17.
Wer sitzt unter der **Eiche**? 24.
Die Freunde sprechen mit **einander**, 35.
In einem **einfachen** Hause wohnte seine Tante. 48.
Sie muss der Schwester Arznei **eingeben**, 45.
Bald müssen wir **einheizen**, 44.
in **einigen** Wochen, 31.
Wen **laden** Onkel und Tante **ein**? 35.
Nehmen die Cousinen die **Einladung** an? 35.
Ja, aber nur **einmal**, 39.
Robert musste zweimal **einnehmen**, 45.
eins = 1, 1.
Wer **schenkt** Kaffee **ein**? 27.

In X. müsst ihr **einsteigen**, 47.
Auf dem **Eise**, 41.
auf der **Eisbahn** sind sie immer zufrieden. 41.
Im Feuer u. auf dem Ambos wird das **Eisen** geschmiedet, 45.
Die **Eisenbahn** geht von X—Y, 47.
Zehn, **elf**, zwölf, 11.
Wo sind ihre **Eltern?** 9.
Wären doch die Ferien nicht so bald zu **Ende!** 43.
endlich langten wir im Dorfe an, 48.
England ist ein grosses Land, 16.
Wer ist Herr Moritz Brauns **Enkel?** 11.
Wer ist Herr Moritz Brauns **Enkelin?** 11.
Das **Entchen** ist klein, 2.
Die **Enten** schwimmen, 2.
Ist **er** ein Mann? 3.
Die Regentropfen fallen auf die **Erde**, 25.
Du hast dich **erkältet**, 44.
Ich **erlaube** dir das nicht, 35.
Der Frühling ist die **erste** Jahreszeit, 16.
erzähle ihr von ihnen, 39.
es ist ein Mädchen, 3.
Wer **isst** Brot? 16.
Wo sind **eure** Brüder? 10.
In **Europa** sind hohe Berge. 33.

F.

Ein Wagen **fährt** auf der Strasse. 30.
Der Regen **fällt** vom Himmel, 25.
Vater. Mutter u. Kinder sind eine **Familie**, 14.
Rot ist eine **Farbe**, 11.
Der Wein ist im **Fass**, 35.
Der zweite Monat heisst **Februar**, 40.
Wer schreibt mit **Feder** und Tinte? 28.
Wo ist ein **Feld**, 13.
Das **Fenster** ist offen, 11.
Wir alle lieben die **Ferien**, 28.
Wartet, bis ich **fertig** bin, 46.
Der kleine Knabe muss sich **festhalten**, 43.
Die Magd zündet das **Feuer** an, 36.
Wo werden wir sie **finden?** 38.
Bewege deine **Finger!** 44.
Die **Flammen** sind rot, 45.
Wo steht eine **Flasche?** 45.
Jeder Drescher hat einen **Flegel**, 38.
Ist das **Fleisch** des Huhnes gut? 17.
Wo wohnt euer **Fleischer?** 41.
Ist er **fleissig?** 4.
fliegt die Biene? 4.
Der Wein **fliesst** aus der Presse, 30.
Der erste Schnee fällt in grossen **Flocken**, 43.
Sind die **Flügel** der Schwalbe weiss? 17.
Im **Flusse** baden zwei Knaben. 21.

Der Schmied **formt** das Eisen, 45.
Wollen sie ihn **fortjagen?** 32. |
Das ist eine **Frage,** 1. |
fragen sie dich, was du willst? 39.
Frankreich ist ein Land, 16.
Die Mutter ist eine **Frau,** 1.
Emilie ist ein **Fräulein,** 10.
Hast (Bist) du am Nachmittag **frei?** 29.
Ja, am **Freitag** Nachmittag, 29.
Was **fressen** die Kühe? 24.
Wer ist dein **Freund?** 28.
Ist eure **Freundin** in der Stadt? 35.
Seid **freundlich** mit den Kindern! 35.
Sie **frieren** oft im Winter, 41.
Dieses Wasser ist nicht **frisch,** 23.
Alle Winzer sind **fröhlich,** 30.
Die Kirsche ist die **Frucht** des Kirschbaumes, 14.
Geht ihr **früh** zu Bette? 27.
Wer liebt den **Frühling** nicht? 16.
Das **Frühstück** ist gekocht, 27.
Wann **frühstückt** die Mutter? 27.
Dieser Weg **führt** zum Weinberge, 31.
Auf der Wiese ist ein **Füllen,** 23.
fünf Enten schwimmen, 5.
Fünf und zehn sind **fünfzehn,** 15.
Die Blumen sind **für** die Tante, 15.
Wer **fürchtet** sich? 44.
Ein Knabe taucht seinen **Fuss** in den Bach, 17.
Die Wagen fahren nicht auf dem **Fussweg,** 31.
Die Schwalbe bringt den Jungen **Futter,** sie **füttert** die Jungen, 15.

G.

Wann **gackern** die Hühner? 38.
Ein kleiner Knabe trägt **Gamaschen,** 44.
Die **Gans** ist ein nützliches Tier, 32. |
Sie ist **ganz** weiss, 27. |
Die Schnitterinnen binden **Garben,** 21.
Haben sie einen **Garten?** 10.
Wo seht ihr einen **Gasthof?** 48. |
Ist er ein schönes **Gebäude?** 47. |
Was **geben** die Kinder den Eltern? 16.
Im Winter **gefriert** der Teich, 41.
gehe in den Garten! 18. |
Er **gehört** deinem Vater. 15. |
Welcher Vogel ist **gelb?** 11.
Wie viel **Geld** musst du haben? 48.
Iss **Gemüse** zum Fleisch! 17.
Das ist nicht **genug,** 48.
Es ist **gerade,** was ich wünsche, 47.
Du hast es also **gern?** 16. |
Ja, es ist ein **Geschenk** der Grossmutter, 48. |
Die Thüre ist nicht **geschlossen,** 21.

Man hört das **Geschrei** der Kinder, 35.
Es sind meine **Geschwister,** 33.
Wasche das **Gesicht!** 34.
gestern ging sein Onkel auf die Jagd, 35.|
Hat er ein **Gewehr?** 32.
Nach dem **Gewitter** war das Wetter schön, 25.
sie schenkt dem Kutscher ein **Glas** Wein ein, 46.
Wir gleiten über den **glatten** Schnee, 41.
Sie **glauben** nicht, dass er komme. 48.
Wem **gleicht** dein Bruder? 15.
Die Schüler **gleiten** übers Eis, 41.|
Sind sie **glücklich?** 8.
Was **gräbt** die Bäuerin aus der Erde? 36.
Wo ist **Gras?** 6.
Ihr Mantel ist **grau.** 43.
Die Schwalbe ist nicht **gross.** 4
Wir bewundern die **Grösse** der Erde, 26.
Die **Grossmutter** ist die Frau 7. |
des **Grossvaters.** 7.
Die Wiese ist **grün,** 5.
Das war ein freundlicher **Gruss,** 35.
grüsse alle diese Leute! 44.
Ist deine Schwester **gut?** 7.
Dankst du ihr für ihre **Güte?** 26.

H.

Sie **hat** einen Bruder, 7.
Der **Hahn** ist stärker, als das Huhn, 38.
Es schlägt **halb** zwölf Uhr, 47.
Der kleine Städter trägt einen Kragen um den **Hals,** 31. |
Was **hält** er in der Hand? 31. |
Schlägt der Schmied mit dem **Hammer** auf den Ambos? 45.
Trägt der Onkel den Hut in der **Hand?** 15.
Wann zieht die Dame die **Handschuhe** aus? 31.
Er **hängt** sein Gewehr über die Schulter, 32
Der See ist **hart** gefroren, 41.
Der **Hase** wird geschossen, 32.
Schaufelt den Schnee in **Haufen!** 43.
Die Eltern haben ein **Haus,** 10.
Die Mädchen schreiben in ihre **Hefte,** 28.
Sie gehen **heim,** 25.
Wer **heisst** Karl? 5.
helfen die Knaben beim Eggen? 27.
Trägt er nur Hosen und ein **Hemd?** 23.
Anna füttert die **Hennen,** 38.
Willst du das Fenster **herablassen?** 47.
Welche Früchte sind im **Herbst** reif? 30.
Wo weidet eine **Herde?** 24.
Wer führt Paul **hin** und **her?** 49.
Dies ist **Herr** Braun. 10.
Wo fliegen die Bienen **herum?** 19.
Wann fallen die Äpfel vom Baume **herunter?** 33.

Die schönsten Blumen kommen aus der Erde **hervor**, 33.
Die Mädchen singen nach **Herzenslust**, 35.
Sei **herzlich** willkommen! 35.
Ich erwartete dich **heute**, 35.
hier im Walde, 35.
Am **Himmel** sind Wolken, 25.
Der Wind jagt die Blätter **hin** und **her**, 35.
hinauf und **hinunter**, 36.
Sie durfte nur zum Fenster **hinausschauen**, 44.
Zwischen den Wiesen **hindurch** fuhr ein Wagen, 47.
hinten im Buche sind Wörter und Sätze, 40.
hinter dem Garten ist die Wiese. 12.
Im **hintern** Teile des Hauses ist die Küche, 38.
Der **Hirte** hütet die Herde, 24.
Der **Hintergrund** ist dunkel. 40.
Der Hügel ist nicht **hoch**, 6.
Sie gehen auf die **Höhe** des Berges, 26.
Ich würde eine Leiter **holen**, 36.
Die Leiter ist von **Holz**, 38.
Marie und Paul essen gern **Honig**, 33.
hören Sie den Donner? 26.
Der Ochse hat **Hörner**, 40.
Die **Hosen** des Knaben sind braun. 23.
In der Stadt ist ein **Hospital**, 47
Es ist ein **hübsches** Haus, 26.
Am **Hufe** des Pferdes 45.
muss ein **Hufeisen** sein, 45.
Der **Hufschmied** macht es, 45.
Jene **Hügel** sind grün, 6.
Hat Anna ein **Huhn**? 10.
Wer hat einen **Hund**? 4.
Hast du **hundert** Federn? 35.
Die Schnitter sind **hungrig**, 22.
Der **Hut** ist gelb, 15.
Marie **hütet** die Kühe, 24.

I. J.

ja, er ist ein Mann, 2.
Er geht auf die **Jagd**, 32.
Er ist ein **Jäger**, 32.
Julie ist fünf **Jahre** alt, 9.
In dieser **Jahreszeit** ist es schön, 16.
Der erste Monat im Jahre heisst **Januar**, 40.
Karl sagt: **Ich** habe einen Bruder, 7.
jeder Schüler hat ein Buch, 28.
jener Mann heisst Moritz, 5.
jetzt scheint die Sonne, 38.
ihr sagt: Wir sind Kinder, 10.
Das ist nicht mein Sonnenschirm, es ist der **ihrige**, 48.
Sind sie **immer** fröhlich? 14.
Der Müller wohnt **in** der Mühle, 12.
Das **Insekt** 5.
ist klein, 1.

Im **Juli** ist es warm, 40.
Das **junge** Pferd ist munter. 4.
Die Vögel füttern ihre **Jungen**, 15.
Vor dem Juli kommt der **Juni**, 40.

K.

Beim Frühstück trinken wir **Kaffee**, 27. }
Wir trinken ihn nicht **kalt**, 37. }
Wer ist euer **Kamerad?** 28.
Haben sie sich **gekämmt?** 27.
Die **Kartoffel** ist in der Erde. 36.
Die **Katze** ist ein Haustier, 40.
In welchem Laden **kauft** man Fleisch? 47.
Welcher grosse Vogel hat eine rote **Kehle?** 38.
Was **kehrt** die Magd mit dem Besen? 43.
Hat Anna **keine** Schwester? 9.
Im **Keller** stehen Fässer, 36.
Paul ist ein **Kind**, 9.
Am **Kinn** hat die Ziege einen Bart. 40.
Die **Kirche** ist weiss, 6.
Seht ihr den **Kirchturm?** 37.
Das ist ein **Kirschbaum**, 6.
In dieser **Klasse** lernt der Schüler lesen, 28.
Sie zieht ein **Kleid** an, 23.
Sie **kleidet** sich hübsch, 27.
Seine **Kleidungsstücke** liegen am Ufer, 23.
Was ist **klein?** 4.
Er ist auf den Baum **geklettert**, 36.
Hört ihr, wie der Hammer **klingt?** 46.
Ist das der **Knabe?** 1.
Wo sitzt der **Knecht?** 30.
kocht Anna das Gemüse? 17.
Der Reisende braucht seinen **Koffer**, 46.
Woher **kommt** er? 18.
kann er weiterreisen? 36.
Der Onkel hat den Hut auf dem **Kopfe**, 15.
Was ist in dem **Korbe?** 22.
Das reife **Korn** ist gelb, 21.
Die **Kornblume** ist blau, 21.
Der Kopf ist ein Teil des **Körpers**, 17.
Die schönen Sachen **kosten** viel, 48.
Hat er keinen **Kragen?** 31.
Welche Vögel **krähen?** 37.
Dein Freund ist **krank**, 44.
Das Mädchen trägt einen **Kranz** von Blumen, 31.
Das **Kraut** der Kartoffelpflanze verbrennt, 36.
Was trägt der Bauer in dem **Kruge?** 22.
Anna ist in der **Küche**, 17.
Die **Kufe** steht auf dem Wagen. 30.
Die **Kuh** weidet im Grase, 23.
Der Schnabel der Schwalbe ist **kurz**, 17.
Der **Kutscher** friert, 46.

L.

Was ladet ihr auf den Wagen? 22.
Hole Brot im Laden! 47.
Ist das Lamm braun? 12.
Die Schweiz ist ein schönes Land, 16.
Ist der Schnabel der Ente lang? 17.
Warum trägt er Lappen an seiner Mütze? 44.
lasset ihn gehen! 39.
Er will laufen! 41.
Sie wollen Lawinen machen, 42.
Alle Vögel legen Eier. 17.
Hans legt seine Kleider ans Ufer, 23.
Die Leiter lehnt an der Scheune, 36.
Wer lehrt die Kinder? 28.
Wo steht der Lehrer? 28.
Ist der Ambos schwer oder leicht? 45.
Die Hand des Bauers leitet den Pflug, 39.
Heinrich steigt auf die Leiter, 36.
Arnold lernt rechnen, 28.)
Der Lehrer lehrt ihn auch lesen, 28.)
letzten Mittwoch hat er sich erkältet, 11.
Die Leute haben es gesagt, 39.
Sein lieber Freund war bei ihm, 35.
Er liebt den Grossvater, 7.
Sie singen ein schönes Lied, 28.
Wo liegt das Ei? 18.
links auf dem Felde steht ein Baum, 40.
lobt die Tante ihren Neffen? 29.
Die Knaben steckten eine Pfeife in das Loch, 42.
Er ass nur einen Löffel voll Suppe, 45.
Die Loire ist ein Fluss in Frankreich, 37.
In der Luft fliegen viele Vögel, 12.

M.

Woraus macht man den Wein? 22.
Luise ist ein Mädchen, 1.
Sie ist keine Magd, 17.
mähen die Schnitterinnen das Korn? 21.
Ist es im Mai schon reif? 40.
Wer mahlt es zu Mehl? 38.
Das Frühstück ist unsere erste Mahlzeit, 27.
Wir essen gekochten Mais, 39.
Hat man das gesagt? 17.
manchmal ist das Wetter schon im Herbst kalt. 43.
Ist Paul ein Mann? 1.
Während das Weibchen brütet, sucht das Männchen Futter. 33.
Ziehe deinen Mantel an! 43.
Im März ist es noch kalt, 40.
Der Bäcker macht Brot aus dem Mehl, 38.
Wer arbeitet nicht mehr? 7.
mehrere alte Männer sind vor dem Hause, 12.

mein Vater ist auf dem Felde, 7.
Sie meinen, sie werden glücklich sein, 39.
Gieb mir dein Buch, ich habe das meinige nicht, 48.
Im Winter haben die meisten Bäume keine Blätter, 33.
Der Mensch hat zwei Hände u. zwei Füsse, 17.
Mit dem Messer schneiden wir, 30.
Der Metzger schneidet das Fleisch, 41.
Kleine Kinder trinken viel Milch, 23.
Wie viele Minuten hat eine Viertelstunde? 47.
Spielt mit eurer Schwester! 12.
Nehmt sie mit auf die Eisbahn! 41.
Am Mittag essen wir Suppe, Fleisch und Gemüse, 17. ⎫
das Mittagessen, 17. ⎭
Gehen Sie am Mittwoch spazieren? 29. ⎫
Nein, wir müssen zeichnen, 45. ⎭
Der Mohn ist eine rote Blume, 21.
In diesem Monat blüht er nicht, 40.
Am Montag geht der Bauer aufs Feld, 29.
Er arbeitet vom Morgen bis zum Abend, 27.
morgen pflücken wir die Äpfel, 35.
morgens um sechs Uhr schlafen sie noch, 45.
Aus Äpfeln wird der Most gemacht, 22.
Wenn ich müde bin, gehe ich zu Bette, 27.
In der Mühle wohnt 14. ⎫
der Müller, 14. ⎭
Der Knabe führt einen Apfel zum Munde, 34.
Das Füllen ist immer munter, 23.
Wer muss zu Hause bleiben? 43.
Die Mutter, 1. ⎫
bringt dir deine Mütze, 22. ⎭

N.

nach dem Regen gehen wir aus, 25.
Am Nachmittage ist die Schule geschlossen, 29.
Die Mädchen schlafen die ganze Nacht, 27.
Der Nagel ist von Eisen, 45.
nahe bei der Strasse ist ein Wald, 35.
Er ist ganz in der Nähe, 45.
Julie ist der Name jenes Mädchens, 11
Die Nase ist im Gesicht, 34.
Wer sitzt neben der Städterin? 31. ⎫
Ist das nicht ihr Neffe? 9. ⎭
Die Männer nehmen das Brot aus dem Korbe, 22.
Ist Marie eine Frau? Nein, sie ist ein Mädchen, 2.
Unter dem Dache ist ein Nest, 12.
Dieses Nest ist neu, das alte ist vom Baume gefallen, 46.
Wer ist neugierig? 40.
Julie ist noch nicht neun Jahre alt, 9.
Heinrich ist noch nicht neunzehn, 19.
Ist der Grossvater schon neunzig Jahre alt? 35.
Wer schwimmt nicht? 2.
Ist Anna die Nichte des Müllers? 9.

Die Knaben, welche im Schnee spielen, frieren **nie**, 43.

Es ist **nirgends** so schön wie auf den Bergen, 39.

Er ist **noch** stark, 7.

Welcher Wind kommt von **Norden**? 37.

Im **November** haben wir viel Regen. 40.

Nummer eins, 1.

nun schreibe der Grossmutter einen Brief, 35.

Hat Anna **nur** zwei Brüder? 12.

Der Hund ist **nützlich**, 5.

O.

Weiter **oben** ist der Bahnhof, 47.

Ochsen und Kühe weiden im Grase, 23.

Ist das Entchen weiss **oder** gelb? 11.

Wo steht der grosse **Ofen**? 44.

Die Thüre ist **offen**, 11.

Man kann die Fenster **öffnen**, 44.

Die Kinder spielen **oft** vor dem Hause, 14.

Seine **Ohren** sind mit der Mütze bedeckt, 44.

Im **Oktober** sind die Trauben reif, 35.

Hans Braun ist Annas **Onkel**, 9.

Er kommt von **Osten** her, vom Dorfe, 37.

P.

Mehrere **Pakete** liegen oben auf d. Postkutsche, 46.

Dieses **Papier** ist weiss, 5.

Im **Park** spielen die Kinder, 29.

Eine **Person** auf dem Herbstbilde steht gebückt, 34.

Im Vordergrunde sehen wir einen **Pfahl**, 40.

Im Munde des Schneemanns steckt eine **Pfeife**, 42.

Das **Pferd** ist stark, 10.

Gras und Blumen sind **Pflanzen**, 6.

Die Frau **pflanzt** Blumen und Gemüse, 33.

Wenn die Blumen offen sind, **pflückt** sie sie, 24.

Zwei Ochsen ziehen den **Pflug**, 39.

Der Garten wird nicht ge **pflügt**, 39.

Die Enten **plätschern** im Bache, 21.

plötzlich war der Drache frei, 35.

Der **Po** fliesst nach Osten, 37.

Die **Post** bringt alle Briefe, 46.

Die Reisenden fahren in der **Postkutsche**, 46.

In der **Presse** werden die Trauben gepresst, 30.

Aus den ge **pressten** Trauben fliesst der Wein, 30.

Der Lehrer sitzt am **Pulte**, 28.

R.

Ich sehe nur ein **Rad** des Wagens, 22.

Die Kinder spielen am **Rande** des Teiches, 41.

Jenes schöne Gebäude ist das **Rathaus**, 47.

Durch den Schornstein steigt viel **Rauch**, 45.

raucht der Grossvater eine Zigarre? 46.
Das **Rebhuhn** hat sein Nest im Korn. 21.
Wer lehrt die Knaben **rechnen**? 28.
Sitzen deine Freunde **rechts** von dir? 40.
Der **Regen** fällt vom Himmel, 25.
Viele **Regentropfen** liegen auf den Blumen, 25.
Sie sind frisch, wenn es ge **regnet** hat, 25.
Die Tante ist nicht **reich**, sie hat nicht viel Geld, 48.
Die Schnitter mähen nur das **reife** Korn, 21.
Eine Magd **reinigt** das Wohnzimmer, 45.
Wer möchte eine grosse **Reise** machen? 46.
Wohin möchtet ihr **reisen**? 46.
Mit welchem Zuge kam der **Reisende**? 46.
Der **Rhein** fliesst nach Norden, 37.
Der Donner **rollt**, und es blitzt, 25.
röstet ihr Kartoffeln im Ofen? 45.
Welches Dach ist **rot**? 11.
Der Apfelbaum hat **rötliche** Blüten. 49.
Der Knabe trägt einen Hasen auf dem **Rücken**, 32.

S.

Die schönsten **Sachen** liegen unter dem Christbaum, 47.
In einem **Sack** sind reife Birnen, 36.
Wer **sagt**: Ich arbeite nicht? 7.
Die Kinder **sammeln** Äpfel und Birnen, 36.
Am **Samstag** Nachmittag ist keine Schule, 29.
Dann schreiben wir keine **Sätze**, 28.
Unsere Hefte sind immer **sauber**, 29.
Im Walde ist es **schattig**, 24.
Das Mädchen **schaut** aus dem Fenster, 44.
es sieht im Schnee eine **Schaufel**, 43.
Sein Bruder hat den Schnee von der Thüre ge **schaufelt**, 43.
Jeder Laden hat ein oder mehrere **Schaufenster**, 47.
Wie schön **scheint** die Sonne! 25.
In der **Scheune** liegen viele Garben, 22.
Warum **schiessen** die Jäger die Hasen? 32.
Ein Kind **schläft** unter dem Baume, 21.
Die Vögel **schlagen** die Luft mit den Flügeln, 37
Beim **schlechten** Wetter sind schwarze Wolken am Himmel, 29.
Holet den **Schlitten**, 43.
und die **Schlittschuhe** v. Dachboden herunter, 41.
und lasset uns **schlittschuhlaufen**, 41.
Seid ihr gute **Schlittschuhläufer**? 41.
Am **Schlusse** v. Emils Brief steht sein Name, 35.
Ein **schmaler** Weg führt durch d. Weinberg, 31.
Die Sonne **schmelzt** den Schnee, 35.
Im Frühling **schmilzt** der Schnee, 19.
Der **Schmied** steht in der, 45.
Schmiede, 45.
er **schmiedet** das Eisen auf dem Ambos, 45
Der Storch hat einen roten **Schnabel**, 17.
Der **Schnee** ist weiss, 11.

Die Knaben machen **Schneebälle**, 42.
Fröhliche Winzerinnen **schneiden** die Trauben, 30.
Schneit es schon? 43.
Sein Sohn holt **schnell** den Doktor, 41.
Die **Schnitter** und, 21. |
die **Schnitterinnen** sind stark, 21. |
Wer bindet die **Schnur** an? 34.
Karl ist **schon** da, 28.
Was ist **schön**? 6.
Die Städter bewundern die **Schönheit** des Waldes, 26.
Auf jedem Dache siehst du **Schornsteine**, 45.
Ihre Töchter **schreiben** zehn Sätze in ihre Hefte, 28.
Wo liegen ihre **Schuhe**? 23.
Arnold geht in die **Schule**, 28. |
er ist ein **Schüler**, 28. |
er lernt im **Schulzimmer**, 28. |
Er trägt keine **Schürze** mehr, 23.
Seine Vettern **schütteln** die Birnbäume, 36.
Die Winzer **schütten** die Trauben in Butten, 30.
Die alte Frau ist **schwach**, 7.
Die **Schwalben** fliegen, 4.
Manche Tiere haben **Schwänze**, 38.
Die Schwalbe ist **schwarz** und weiss, 11.
In der **Schweiz** blühen die Bäume noch nicht, 16
Einer der Winzer **schwenkt** seinen Hut, 30.
Er trägt einen **schweren** Korb, 36.
Hat er eine **Schwester**? 7.
schwimmt sie? 2.
Sechs Entchen schwimmen, 6.
Wir geben ihnen **sechzehn** Birnen, 16.
Ein Dampfschiff fährt über den **See**, 39. |
sehen es die Kinder? 12. |
Ist es **sehr** schön? 6.
Liebt der Onkel **seinen** Neffen Heinrich? 9.
Er ist **seit** acht Tagen hier, 35.
Auf der andern **Seite** des Flusses sind Wälder, 24.
Die Schnitter mähen das Korn mit **Sensen**, 21.
Im **September** müsst ihr wieder in die Schule gehen, 40.
Die alte Frau will sich auf einen **Sessel** setzen, 45. |
die andern **setzen** sich auf die Bänke, 43. |
Wer? **sie**, die Knaben, 3.
Die Grossmutter hat **sieben** Enkel und Enkelinnen, 7.
Hans Braun ist **siebzehn** Jahre alt, 17.
Das **sind** Mädchen, 3.
sie **singen**, 4.
sie **sitzen** nicht, sie springen, 12.
so war es nicht im Frühling, 33.
sogar der kleine Paul fürchtete sich nicht, 44. |
sogleich wollte er uns begleiten, 48 |
Der Bauer hat einen **Sohn**, 9.
Er ist **Soldat**, 29.
Der **Sommer** ist eine Jahreszeit, 21.
Dort giebt es keine Seen, **sondern** nur Flüsse, 47.

Geht Arnold am **Sonnabend** in die Schule? 29.

Ihr seht, dass die Sonne **scheint**, 25.

Bringe mir einen **Sonnenschirm!** 31.

Am **Sonntag** geht Emilie in die Kirche, 27.|

Sie geht nicht am **späten** Abend, 27.

Ihre Brüder machen einen **Spaziergang**, 24.

Wohin gehen sie **spazieren**? 25.

Unter dem Dache hat der **Sperling** sein Nest, 17.

Wer hat ein **Spiel** gekauft? 48.

Sie **spielen**, 2.

mit unseren **Spielsachen**, 48.

mit unserem **Spielzeug**, 34.

sie **springen**, 4.

Robert windet eine Schnur um den **Stab**, 34.

Wer wohnt in der **Stadt**? 24.

Die **Städter**, 24.

und die **Städterinnen**, 31.

Die Haustiere schlafen im **Stalle**, 27.

Der **Stamm** der Eiche ist hoch, 36.

Der **Star** hat sein Nest auf d. Kirschbaume, 19

Ist der Vater **stark**? 7.

Das Kind bewundert die **Stärke** des Pferdes, 26.

Dort ist die **Station**, wo du einsteigen musst, 47.

Auf allen Möbeln liegt **Staub**, 45.

man muss sie mit dem **Staubtuch** reinigen. 45. |

In seinem Munde steckt eine Pfeife, 42.

Er **steckt** seine Hände in dicke Handschuhe, 44.

Der **Steg** ist zwischen der Strasse und der Mühle, 14.

Auf dem Dache steht ein **Storch**, 12.

Der Drache **steigt**, 35.

Auf der Erde liegen **Steine**, 42.

An dieser **Stelle** bricht das Eis. 41.

stellet den Schneemann nicht in den Garten, 42.

Ziehen sie ihre **Stiefel** an? 21.

Der **Storch** ist weiss und schwarz, 12.

Der Lehrer **straft** dich nicht, wenn du fleissig bist, 29.

Das **Strässchen** ist schmal, 31.

Die **Strasse** ist nicht schön, 12.

An diesem **Strauche** sind gelbe Blüten, 21. |

sie sind nicht in dem **Strausse**, 11.

Bindet man die Garben mit **Stricken**? 40.

Was macht man aus **Stroh**? 22.

Die Kinder ziehen ihre **Strümpfe** aus, 23.

Jedes hat ein **Stück** Brot, 22.

In zwei **Stunden** fahren wir nach der Stadt. 47.

Mann ist ein **Substantiv**, 1.

suchen die Mädchen Blumen im Walde? 18.

Wer kocht die **Suppe**? 17.

Der warme Wind kommt von **Süden**, 37.

Sind die Birnen **süss**? 30.

T.

Der Grossvater liebt den **Tabak**, 42.
Er hat eine **Tabakspfeife**, 42.
Wann **tadelt** man euch? 29.
Welche Schüler schreiben auf die **Tafel**? 42.
Wann sagen wir: guten **Tag**? 27.
Die Bäuerin arbeitet **täglich** im Garten, 18.
Im Walde sind viele **Tannen**, 11.
Die **Tante** ist nicht alt, 9.
Der Jäger trägt eine **Tasche** an der Seite, 32.
Welche Vögel **tauchen**? 23.
Wir sind im Jahre eintausend achthundert achtundneunzig, 35.
Ist der **Teich** auch gefroren? 41.
Die Blüte ist ein **Teil** des Baumes, 11.
Der Onkel geht oft ins **Theater**, 38.
Auf der **Tenne** drischt man das Korn, 47.
Was **thun** die Sperlinge auf den Kirschbäumen? 18.
Die **Thüre** ist ein Teil des Hauses, 11.
Die Vögel sind **Tiere**, 6.
Arnold schreibt mit **Tinte**, 28.
Eine **Tochter** der Bäuerin heisst Marie, 9.
Jeder Schüler warf seinen **Tornister** in den Schnee, 42.
Die Rebhühner sind schon **tot**, 32. |
er trägt sie ins Dorf, 15. |
er hat keine **Trauben** gepflückt, 30.
Ist der Hund **treu**? 4.
Wer durstig ist, der **trinkt**, 22.
Der Mais wird **getrocknet**, 39.
Der **Truthahn** hat eine rote Kehle, 38. |
Zeiget ihm kein rotes **Tuch**! 31. |
Die Zugvögel haben sich auf einem **Turme** versammelt, 37.

U.

Wie leicht die Leute **über** das Eis gleiten! 41. |
überall sieht man fröhliche Gesichter, 18. |
Nur ein Knabe sitzt am **Ufer**, 21.
Wenn die **Uhr** fünf schlägt, muss er nach Hause gehen, 45. |
also um fünf **Uhr**, 45. |
um den Kirschbaum herum fliegen die Bienen, 19.
Mehrere Schlittschuhläufer sind **umgefallen**, 14.
Die Schwalben fliegen **umher**, 41.
Wer **unaufmerksam** ist, wird getadelt, 29.
Marie **und** Luise sind Mädchen, 3.
Eins, zwei, drei, **und** so weiter, 16.
In den Schnee fallen ist kein **Unglück**, 43.
Der fleissige Mensch ist nicht **unglücklich**, 29.
Lass keinen Tag **unnütz** vorbeigehen! 39.
iss keine **unreifen** Früchte, 29.
unsaubere Kleider sind nicht schön, 29.
Das ist **unser** Vater, 9.
unten im Dorfe wohnt der Bäcker, 47.
unter dem Kirschbaum spielt ein Kind, 12.
Ihr seid **unzufrieden**, wenn wir nicht lernen, 29.

V.

Das ist der **Vater**, 1.
Spielen ist ein **Verb**, 1.
Manche Vögel **verbergen** ihre Eier, 40.
Warum **verbrennen** wir Holz? 36.
Das macht uns **Vergnügen!** 33.
Wer **verkauft** Brot? 48.
Ein Pferd **verliert** sein Hufeisen, 46.
Die Zugvögel **versammeln** sich, 37.
sie **verschwinden** bald hinter den Hügeln, 35.
Ist dein **Vetter** älter als du? 35.
Nicht **viel**, 9.
vielleicht drei Jahre, 46.
oder **vier**, 4.
Er ist der **Vierte** in seiner Klasse, 33.
Ein **Viertel** von vierzig ist zehn, 47.
vierzehn ist neun und fünf, 14.
vierzig ist achtundzwanzig und zwölf, 28.
Das Entchen ist ein **Vogel**, 2.
Der Krug ist **voll** Most, 30.
Karl bringt ihn **von** dem (vom) Hause, 22.
vor dem Hause sitzt die alte Frau Braun, 12.
Eine Postkutsche fährt **vorbei**, 46.
Wir können nicht **vorbeigehen**, 39.
Sie steht im **Vordergrund**, 40.
Wir gehen am **Vormittag** in den Park, 29.
vorn, auf der rechten Seite des Hauses fährt ein Schlitten, 10.

W.

Zwei Pferde ziehen den **Wagen**, 22.
Die Vögel brüten **während** des Frühlings, 33.
Sind sie im **Walde?** 6.
wann blüht die Weide? 16.
Wenn es **warm** ist, baden die Kinder im Flusse, 23.
Sie lieben die **Wärme**, 23.
Meine Freundin **wartet** auf dich, 47.
warum gehst du nicht mit ihr? 31.
was ist Julie? 1.
Wer **wäscht** den kleinen Paul? 27.
was für ein Mann ist der Müller? 32.
Im **Wasser** sind Enten, 12.
Die Vettern müssen durch den Schnee **waten**, 43.
Sie fürchten **weder** Eis noch Schnee, 46.
Im Walde sind schattige **Wege**, 24.
Es war drei Uhr, als wir **wegfuhren**, 47.
Die Magd soll den Schnee von der Thüre **wegkehren**, 30.
Kalte Winde **wehen** von Norden, 37.
Das **Weibchen** brütet die Eier, 33.
es sitzt im **weichen** Nest, 43.

Am Bache steht eine **Weide**, 16.
Ein Füllen springt auf der **Weide** herum, 23.
       es **weidet** im Grase, 24.
     An **Weihnachten** kommt das Christkindlein, 48.
Der Bauer schneidet das Korn, **weil** es reif ist, 31.
Die Winzer trinken den neuen **Wein**, 30.
     Sie arbeiten im **Weinberg**, 30.
     An der **Weinrebe** hängen blaue Trauben. 30.
Ist mein Papier **weiss**? 5.
Wie **weit** geht diese Strasse? 43.
welche? 6.
wenn die Sonne scheint, fliegen die Bienen umher, 25.
wen liebt die Tante? 9.
wenig Leute sind mit **wenig** zufrieden, 10.
wer? Die Knaben? 1.
Die Trauben **werden** in den Korb gelegt, 31.
Roberts Vetter **wirft** Äpfel vom Baume, 35.
wessen Apfel sind es? 17.
Der Schnitter trägt eine kurze **Weste**, 34.
Viele Zugvögel fliegen nach **Westen**, 37.
Du bist immer unzufrieden bei schlechtem **Wetter**, 29.
Arbeitet die Grossmutter noch, **wie** die Mutter? 7.
Der Frühling kommt **wieder**, 33.
Im Herbst **sehen** wir uns **wieder**, 37.
Die **Wiese** ist grün, 5.
wie viele Kinder hat Herr Braun? 9.
willkommen auf dem Lande! 35.
Der **Wind** schüttelt die Äste, 35.
Die Mädchen **winden** Kränze, 34.
Auf zwei Hügeln stehen **Windmühlen**, 24.
Im **Winter** blühen keine Blumen im Garten, 33.
Die Männer im Weinberge sind **Winzer**, 30.
Die Frauen und Mädchen sind **Winzerinnen**, 30.
wir arbeiten nicht. 9
Willst du **wissen**, wer die Reisenden sind, 46.
wo sie sind, 12.
wo sie diese **Woche** wohnen, 27.
wodurch ihr Wagen gefahren, 30.
woher sie gekommen, 18.
wohin sie gehen, 18.
ob sie **wohl** sind? 44.
Sie **wohnen** in einer Stadt, 14.
ihr **Wohnzimmer** ist auf dieser Seite, 44.
Die **Wolken** bringen Regen, 25.
Wir **wollen** das Gewitter sehen, 39.
worauf liegen die Garben? 22.
woraus macht man sie? 22.
worin liest sie? 28.
worum bindet er eine Schnur? 34.
Wie viele **Wörter** sind in diesem Satze? 28.
wovon ist die Ähre ein Teil? 22.
wozu gehören die Tannen? 21.
Wir **wünschen** euch fröhliche Ferien! 39.

Z.

zählen Sie die Vögel! 37.

Fünf und fünf sind zehn, 10.

Wer zeichnet in ein Heft? 34.

Am Himmel zeigen sich Wolken, 40.

Schreibet Briefe während dieser Zeit. 33.

Die Ziege hat zwei Hörner, 33.

ziehen die Ochsen des Bauers Pflug? 14.

Der Reisende raucht eine Zigarre, 46.

In unserem Hause sind viele Zimmer, 28.

Heinrich sagt zu Paul: Du bist mein Bruder. 8.

Sie bringen die Ferien am See zu, 35.

Ihr seht das Zucken des Blitzes. 26.

Seid fröhlich und zufrieden! 29.

Der Zug fährt schon ab, 47.

Die Schwalbe ist ein Zugvogel, 37.

Sie geht nach dem Süden zurück, 48.

Die Kinder sehen den Bienen zu, 33.

Wieviel sind zwanzig, 20.

und zwei? 2.

zweimal zwei sind vier, 45.

Der zweite Knabe heisst Karl, 21.

zwischen dem Dorf und dem Wald sind Felder. 11.

Die Vögel zwitschern am Morgen. 37.

Zehn und zwei sind zwölf, 12.

Inhalt.